# Sociedades Americanas En 1828

## Simon Rodriguez

UN FILOSOFO, DE NUESTROS TIEMPOS,
ha dicho que...
una Ciencia no hace verdaderos Progresos,
sino cuando ha determinado el campo
en que deben extenderse sus Indagaciones,
i el objeto a que deben dirijirse:
que, de otro modo,
no se hace otra cosa que recojer, acá i acullá,
un cierto número de Verdades, sin conocer sus Enlaces „
i un cierto número de Errores, sin descubrir su Falsedad,

OTRO FILOSOFO ha dicho que...

si la Autoridad hubiera prevalecido siempre
CONTRA LA RAZON
no se habria dado un paso
HACIA LA VERDAD.

Manuel Ferrer

# SOCIEDADES AMERICANAS

## en 1828.

Cómo serán
i } en los siglos venideros :
cómo podrian ser

en ESTO han de pensar los Americanos ,
nó . . . . .
en PELEAR unos con otros .

*a fines del siglo 15 ,*
COLON descubrió un nuevo mundo, para poblarlo { de ESCLAVOS
i
. VASALLOS :

*a principios del . 19*
la RAZON lo reclama,para fundar una Sociedad { de hombres LIBRES
sometidos
a sus LEYES .

*ni la Monarquía*
*ni la República* } convienen { *en todos lugares*
*ni*
*en todos tiempos* } pero { *la América*
*es*
*en el dia*

el único lugar donde CONVENGA pensar en un

Gobierno VERDADERAMENTE Republicano .

*la humanidad* pide el ensayo—las *luces del siglo* lo facilitan

# ADVERTENCIA

## sobre la publicacion,

el Pródromo de esta obra
 se imprimió en Arequipa————————el año 28
la Introduccion al tratado sobre las
 Luces y Virtudes Sociales
 se imprimió en Concepcion
 de Chile————————————————el año 34
la misma Introduccion, con adiciones ,
 se reimprimió en Valparaiso————el año 40
ahora se reimprimen el Pródromo i
 la Introduccion (por haberse
 agotado, los ejemplares) i
 se emprende la edicion de
 toda la obra , en Lima——————————el año 42

la Publicacion se hará por números de a 10 pliegos
(algo mas o menos , por no truncar los capítulos)
i la Publicacion será seguida, paraque los cuadernos
puedan juntarse , i hacer los volúmenes en que cada
uno quiera tener dividida la obra.

IMPRENTA DEL COMERCIO POR J. MONTEROLA.

los AUTORES , que obtienen privilejió de publicacion ,
PROTESTAN , en la primera hoja de sus libros ,
PERSEGUIR , con todo el rigor de la lei ,
a los CONTRAFACTORES de sus obras .


YO NO AMENAZO :


*solo pido* , a mis contemporáneos,
*una declaracion* , que me recomiende a la *posteridad* ,
*como al primero* que propuso , en su tiempo ,
*medios seguros* de reformar las *costumbres* ,
para evitar *revoluciones—*


*empezando*


por la ECONOMIA social , con una EDUCACION POPULAR ,


*reduciendo*

la DISCIPLINA
propia de la economía } a 2 principios { destinacion a ejercicios UTILES , i
aspiracion FUNDADA a la propiedad


*i deduciendo*

de la disciplina
el DOGMA { lo que no es JENERAL no es PUBLICO
lo que no es PUBLICO no es social


Para quien entiende la materia ,
el discurso debe ser *aforistico* :
Con los Sabios debe hablarse por *sentencias* ,
porque, para ellos, las sentencias son *palabras* .


SIMON RODRIGUEZ .

DOS VENTAJAS

*que resultan de publicar , por partes ,
las obras voluminosas*

## 1.ʳᵃ VENTAJA
### *en favor del gasto ,*

Lo que se da por un libro es perdido , si el libro no interesa . Las obras *conocidas* se compran, aunque cuesten
mucho , porque se necesitan : las *nuevas* tienen qué acreditarse, a costa de los primeros lectores. Si ESTOS pudieran tomar una muestra , *a prueba* , arriesgarian ménos : to-
marian mas , si les agradase ; o suspenderian si nó: i podrian, con un pequeño gasto, hacer muchos favores—pres-
tando la muestra paraque no la comprasen .

## 2.ᵈᵃ VENTAJA
### *en favor de la lectura .*

Si la obra interesa, la lectura no puede ser seguida : por
eso se dividen los escritos en Párrafos , Artículos i Capítulos , que son *reposos de la atencion* . PENSAMOS como co-
MEMOS — tomando tiempo para dijerir. No es posible estar,
todo un dia , leyendo sin cesar ; ni , por espacio de una hora , pensando sin distraerse: los ojos se cansan de descifrar,
y la mente de comprender . Segun la materia es el trabajo — los asuntos públicos tienen *muchos cabos qué atar* , i
las doctrinas *muchos hilos qué seguir* . La lectura de po-
cas horas , pide algunos dias de reflexion, a las personas poco acostumbradas a estudiar ; y tal vez mas , a las que se
proponen impugnar . Con leer el título basta , para despre-
ciar una obra : en pocos minutos se recorre un volúmen,
si la intencion es disputar.

## PRELIMINAR.

el título de esta obra es

SOCIEDADES AMERICANAS en 1828

   Conservo la fecha, aunque siga publicando en 42,
porque en 28 empecé a publicar.

Mal Profeta seria el que esperase los acontecimientos, para
predecirlos; aunque muchos tienen por Magos, en Política,
a los que *adivinan lo que ven* .. i por Visionarios, a los
que aseguran que—

> *las cosas irian de otro modo*
> *si se procediese de otro modo con ellas.*

Para predecir lo que las cosas SERAN, basta tener Ojos i
Experiencia : para pronosticar lo que PODRIAN SER, es menester estar acostumbrado a combinar experiencias—

juzgando $\begin{cases}$ por la naturaleza de los movimientos, i
$\phantom{juzgando \{}$ por la    .     de las cosas en que se emplean.

   La Experiencia es, pues, la Escuela de los Profetas,
en Artes i en Ciencias,
porque cada resultado es una Inspiracion.
Quien no profetiza?
Un COCINERO está profetizando lo que será cada plato, al
salir de su Cacerola, i el efecto que hará cuando esté sobre la mesa : JUGAR, es estar prediciendo lo que hará el
contrario con los naipes, o tratando de adivinar lo que hará la suerte con los dados.


Desde el año 23 empecé a proponer *verbalmente*, medios de
aprovechar de las lecciones que dan los trastornos políticos,
para evitarlos en lo futuro. Las circunstancias fuéron presentan-
do ocasiones de adoptar mis ideas — i yo, temiendo que otro
se apareciese primero, en público, con ellas, hice imprimir
el Pródromo de mi obra el año 28.

En este Cuadro Jeneral se ven tres cosas nuevas :

una , el modo de pintar los pensamientos ,

otra, el . de perfeccionar la Libertad de Imprenta

i otra, el pretender que { el PODER de los Congresos está en razon del SABER de los Pueblos =

por consiguiente que { la Instruccion SOCIAL debe ser jeneral *sin excepcion* .

Por tomar posesion de las Ideas , en tiempo oportuno , he cuidado mas de las materias que de su ordenacion — es decir — que he mirado mas por mi amor propio , que por la conveniencia ajena : así lo hacen todos = por consiguiente , no puede haber quien no deba perdonarme la debilidad ; excepto si, alguna humildad JIGANTESCA , se presenta probando que—

en decirse miserable gusanillo
hai ménos amor propio que
en tenerse por GRANDE HOMBRE

Si los Artesanos dieran en apocarse , como se apocan los Autores , llegaria el caso de hacerse moda el apostar , *a quien echaria a perder mejor las obras* —esmerándose, no obstante , en perfeccionarlas para desmentirse : los dueños de las obras las harian valer , a porfia , por acreditarse de *entendidos* : i tanto unos como otros descubririan , entre mentiras i verdades , el Juez de todo lo que hacemos, el Motor de todo lo que emprendemos.

El amor propio hace alarde de todo , en casos opuestos :
se ama i se desprecia la vida } por amor propio ,
se habla bien i mal del amor propio }

i el que sabe esto lo dice , paraque lo tengan por *observador* .

¿ Quien habrá visto hombre sin amor propio ?
El que tacha a otro de tener *demasiado* amor propio ,
¿ cómo lo habrá medido sino comparándolo con el suyo ?

El amor propio es como las moscas ¿ en qué no se meterá cuando se mete en la *ignorancia* ?

Soy un bruto, *quiere decir*, se, sin haber aprendido

NO TENGO AMOR PROPIO
*quiere decir*
Tengo la ventaja de conocer que no tengo amor propio,

*esto es preciarse de* disparatar *mejor que nadie*.

El amor propio es de esencia en el hombre — es el deseo de ser mas que otro, u otrotanto, si es mucho lo que otro vale : i cuando no halla con quien compararse, desea solamente ser mas de lo que es, para no exponerse̅a *dejar de ser*, i quedar en lo *que debe ser* — entónces no se llama amor propio, sino *amor de sí mismo*.

En ámbos casos, hai un sentimiento *moderador*, i este sentimiento lo dan las *cosas*, al que las consulta para hacer uso de ellas.

Todos vivimos bajo el dominio de las cosas, esto es, *subsistimos* : i es Sabiduría
*el saber reglar nuestra conducta con ellas, segun sus propiedades*.
los antiguos llamáron esto Filosofia
i entendian que humildad era
*conocer que no somos lo que desearíamos ser, i conformarnos con lo que somos*

Conocerlo,
no conformarnos } es hipocresía
y finjir que nos conformamos

Los moralistas han hecho su clasificacion.

*poniendo* el amor propio por jenero { la emulacion i la envidia } POR ESPECIES

i enredados en las variedades, las han llamado { pliegues repliegues i escondrijos } del corazon *humano*

El humano debería omitirse, porque se trata del hombre.

Conviene, a mi objeto, determinar aquí el valor de algunas palabras que hacen *juego*, i de que, por lo regular, se abusa. *Orgullo* i *Vanidad* se confunden con mucha frecuencia.

Conocer sus aptitudes ,
por haberlas puesto a prueba ,  } es ORGULLO
i contar con ellas para emprender
El amor propio , en este caso ,  es MODESTO


Contar con aptitudes ilimitadas ,  es VANIDAD

El amor propio , en este caso ,  es ARROGANTE

Todos los que entienden de pasiones distinguen { la Emulacion de la Envidia
i
la Ambicion de la Avaricia ;
pero lo que nó todos observan es que —

la Avaricia
i        } son sentimientos comunes a todos los animales ,
la Envidia

i que solo por la *Educacion* los modifica el hombre { en Emulacion
i
. Ambicion .

Segun las facultades mentales ,
así son los atributos del amor propio , i los efectos de la educacion :
los hombres de talento no pueden ser { Arrogantes ni Vanos
Envidiosos ni Avaros
los Limitados *sin Educacion*
i        } no pueden dejar de serlo .
los Estúpidos
Búsquese una prueba de esto en los Niños : obsérveseles cuando juegan i , sobre todo , cuando apuestan *a cual mas corre* —
i se verá el amor propio por todas sus *fases* , especialmente por la peor . Habrá niño que , irritado contra el mas
ájil , le pondrá estorbos paraque tropiece, caiga i . . . se mate ,
si es posible.
a levantarlo ocurrirán. . . . . . . . . .pocos ,
afectarán que no lo han visto . . . . algunos ,
celebrarán el accidente. . . . . . . . .los mas :
uno que otro le preguntará *si se ha hecho mal*, lo acompa-
ñará hasta su casa , o irá a dar parte .
En el número de unos i otros se notarán diferencias, segun
el temple del amor propio , *por la influencia del clima en la
sensibilidad.*

No se tome este preámbulo por *disertacion sobre la moral* : apelo a sus principios, porque los necesito.

No hai Ciencia que tenga mas *aspirantes* que la Política , porque todos tienen cierta parte en ella. El amor propio hace creer, a cada uno, que puede discutir cuestiones en que tiene interes . . solo porque tiene interes . . . o porque oye decir que —

para hacer leyes, en las democracias, basta *una mediana razon* .

i . . . ¿ quien no creerá *mas que mediana* la suya ? . . . .
En nada *brillan* mas los conocimientos . . . o se desacreditan . . . que tratando de las Cosas Públicas :

La MATERIA recomienda las *cosas*, i la FORMA . . las *obras* :

No hai MATERIA { mas *interesante* , mas IMPORTANTE , ni de mas CONSIDERACION , } que el bien JENERAL,

ni hai OBRA que requiera { mas *aptitudes*, mas CONTRACCION , ni mas ESMERO ,

las JUNTAS
sea cual fuere su denominacion , { Asambleas o Dietas
Cortes o Congresos
Concilios o Sinodos
Consejos o Concejos
Consistorios o Cabildos
Ayuntamientos o Gremios
el DIVAN, las Cofradias
i hasta los Conciliábulos } no son sino TRIBUNALES:

por los hechos de que juzgan se distinguen ; i los Jueces se recomiendan por su SABER i por sus INTENCIONES , nó por su *representacion*

¿ en qué OBRA, pues, se comprometerá mas el amor propio , que en la PRE-SENTE ?

No hai Vanidad *absoluta* : porque la mas calificada, tiene algun *poder real en qué fundar sus pretensiones* . [no olvide el lector esto]

2

El ENTROMETIMIENTO } arguye cierta fuerza para *introducirse*
que es *meterse dentro* }

i

el ENTREMETIMIENTO, } tiene algunos visos de *derecho*
que es *meterse entre* }


Se necesita mas poder para *penetrar* que para *colocarse:*
segun esto,

un AUTOR { es ENTROMETIDO, porque se mete EN la materia que trata,
i
. ENTREMETIDO, porque se mete ENTRE otros autores:


para meterse EN una materia, es menester que la materia { lo pida
ó
lo consienta:

para meterse ENTRE autores basta { llegar a la biblioteca
i
tomar lugar en un estante:


la materia es un INDIVIDUO,
la República de las Letras, *se puebla i se despuebla* cada dia.
Bajo este aspecto,

BIBLIOTECA ES { Coleccion de ENTROMETIMIENTOS por órden de materias
i
(al mismo tiempo) { Lista de ENTREMETIDOS por órden alfabético:

la Coleccion se ensancha, por la intromision de nuevas observaciones,

i
la Lista se alarga, con la llegada de nuevos autores:

Estos, fuera del índice, se distinguen por el modo de pre-
sentarse:

Unos se presentan sin título, esperándolo del mérito de su
obra
Otros, con títulos ajenos de la materia que tratan
Otros, recomendados por su nobleza o por sus empleos
Otros, . por sociedades científicas
Otros, . por el Cura que los bautizó
i otros, agazapados detras de 2, o 3 letras mayúsculas,
con estrellitas o sin ellas,

para hacerse buscar , si la obra es bien recibida ; i si mal para salvarse entre los muchos que empiezan sus nombres i apellidos con las mismas letras.


## en RESUMEN

Por lo dicho hasta aquí, se descubre —

el primer móvil de esta obra ,
el motivo de haberse interrumpido la publicacion , i
el    .    de la falta de ordenacion en lo publicado
que es = el AMOR PROPIO del autor :

amor propio RAZONADO :
paraque
el Crítico que se sienta impulsado por el SUYO ,
a tildar defectos ,

emplee el tiempo 
$$\left\{ \begin{array}{c} \text{en limar la } obra \\ \text{nó} \\ \text{en limar al } autor . \end{array} \right.$$

Limando las cosas se pulen =
PULIR es figura de PERFECCIONAR .


Querer perfeccionar a un hombre , quitándole el amor propio, es querer blanquear a un negro , raspándole el pellejo:
mas valdria DESOLLARLO de una vez ;
pero
ni blanco ni negro quedaria,
porque
la PIEL es de ESENCIA en el animal .

# FISONOMIA

de las NUEVAS REPUBLICAS de América
i de los GOBIERNOS que estan en RELACION con ellas

El amor propio es la causa $\begin{cases} \text{de todos los YERROS} \\ \text{como} \\ \text{de todos los ACIERTOS.} \end{cases}$

Quien sabe ? !

si las Observaciones de un Viejo $\begin{cases} \text{que está pensando en la GLORIA} \\ \text{en lugar de} \\ \qquad \text{pensar en su ENTIERRO} \end{cases}$

¿ ¡ no hacen que los Americanos abran los ojos $\begin{cases} \text{sobre la suerte de SUS HIJOS} \\ \text{i, en parte,} \\ \text{sobre la} \qquad \text{SUYA ? !} \end{cases}$

Cuantas veces ?
una SOLA palabra !
no ha evitado la RUINA de una FAMILIA ? !

Cuantas veces ?
una SOLA VOZ de alarma !
no ha librado una CIUDAD, de las llamas ? !

Cuantas veces?
el grito de UN SOLDADO !
no ha salvado UN EJERCITO ? !

Los que han leido la historia dicen que—
al graznido de UNOS GANSOS ¡
debió ROMA !!, una vez , . . . .
TODA UNA CIUDAD DE ROMA !!! ... !.. i a unos gansos
el no haber caido en manos de enemigos , que la asaltaban
miéntras sus soldados dormian a pierna tendida.

el VIEJO

no dice una palabra *sola*, sino MUCHAS!

en lugar de una *sola voz de alarma*, predica hace 20 años, i nó en DESIERTOS, aunque en América los hai

no GRITA, paraque los Americanos tomen las armas [demasiado mal se hacen con ellas] sino paraque se atrincheren contra un EJERCITO de PREOCUPACIONES, que se les mete, a la sordina, en casa, bajo varios disfraces.

No es HIPÓCRITA, para compararse con *gansos*, ni es ADULADOR, para poner una *ciudad de América* en paralelo con ROMA!

Escribe con *interes*.. con ENTUSIASMO, porque *algunos millones de hombres* hacen BULTO en el mundo.

No se interesa por los *Americanos*, en calidad de COMPATRIOTA, porque seria poner su amor propio EN EL SUELO — se apersona por ellos en calidad de HOMBRE. El que se interesa por la *Especie Humana*, sabiendo que está dispersa en varios puntos de la tierra, i que esta es redonda, le parece que VUELA al rededor — esto es poner su amor propio en las NUBES : — i esto es, justamente, lo que cada uno piensa, cuando habla de su *suelo natal* ... de *su pais* .. de su PATRIA!

No es porque haya nacido *en tal parte*, sino porque allí figura o figuraba. El deseo de dominar es tál! que los animales se entristecen i hasta *mueren* ! suspirando por el dominio de los campos, de los bosques o de las cuevas que habitaban: — los hombres lloran sus cabañas, no por ellas, sino porque allí tenian quien los considerase, o viese con cariño, a lo ménos: se enferman, mueren o se vuelven locos, sino las ven: los médicos llaman esta enfermedad *Nostaljia o nostomanía*, que quiere decir *dolor o lucura por el retorno* [suplido *al pais*]

NAPOLEON no suspiraba por la Córcega cuando era Jeneral del Ejército de Italia, — mucho ménos cuando se vio de primer Cónsul,

de *Cónsul Vitalicio* !

de EMPERADOR ! ! !

de YERNO de un EMPERADOR ! !!

i, ni en sueños, se acordaba de los pedregales de su Isla, cuando pensaba en ir, hasta la India ! por tierra, subyugando reinos, para fundar su MONARQUÍA UNIVERSAL.

BOLIVAR, nunca olvidó a Carácas, aunque llegó a ser el primer hombre del Sur–América, porque su familia era respetada en el pais — porque, si en otras partes lo hacia valer la representacion, en Venezuela valia por su persona :— Separado del Servicio, habria dejado de ser Presidente i Jeneral — Carácas, entre las ciudades de América', no era retiro oscuro para un Libertador.

NAPOLEON se infló y se elevó como un globo, le faltó el gas i fué a caer en un Islote, enmedio de los Mares.

BOLIVAR, por haber querido hacer en América lo que todos no entendian, se hizo de sus Emulos,, Rivales, i de sus Rivales,, Enemigos :— la historia de ¹Napoleon dió el pretexto — sus Paisanos lo PROSCRIBIERON!— i ya con el pié en el barco lo reclamó Santamarta; pero fué para ENTERRARLO.

La FRANCIA, al cabo de 20 años, [porque ántes no se lo permitian] fué LLORANDO a sacar los huesos de su Emperador i se los llevó a París.

VENEZUELA, al cabo de 12, se acuerda de los de Bolívar.

¿Cual habrá sido la causa del olvido en tanto tiempo?
¿i cual será       la    .   del recuerdo ahora?

¿Esperaba que los huesos estuviesen secos? —
o       .   que los acabasen de olvidar?

"Ni uno ni otro" [dicen algunos]

Antes no habia qué imitar
Ahora hai con quien rivalizar

Es menester que Venezuela gaste, porque la Francia GASTÓ, i es muí regular que llore, porque la Francia LLORÓ.

"Nó, tan absolutamente [dicen otros]
"Habrá de todo un poco"

Sentimientos sinceros en unos — afectados en otros:— un poco de ostentacion — orgullo nacional, o VANIDAD; en suma,
lo mismo que en Francia; pero lo que NADIE podrá negar es,
que —

Napoleon tenia, i tiene mas amigos en Francia
que Bolívar     .     .                    en América
i debe ser así, porque
en ninguna parte vale ménos el mérito de un Español que
en España.

Por mucho tiempo serán ⎰ la madre  patria ⎱ una prueba de que—
                        ⎱  i  la hija     ⎰
ninguno en su tierra es Profeta

---

Hemos juzgado de los Vivos, juzguemos tambien de los
muertos.

Si los amigos de Napoleon no lo hubiesen asegurado
bien, NADANDO se habria vuelto á Francia con su coro-
no en la boca.

Si la LENGUA de Bolívar se conservara.... SECA! se
moveria para regraciar a Venezuela por el ALTO HONOR que
se digna hacer a sus pobres huesos.

## "AQUI ESTAN BIEN [les diria]

” Con el tiempo desaparecerán, *de estos 4 palmos de tierra*,
” como desapareciéron *de la memoria de mis compatriotas*,
” mis SERVICIOS, i UN AMOR de que les dí tántas pruebas:
” tuve el DOLOR de verlos desaparecer, antes de desaparecer yo:
” me vi OLVIDADO ántes de morir.
” Pocos hombres habrá habido,
·” que hayan merecido menos el DESPRECIO que yo,
” ni que hayan sentido mas la INGRATITUD.

### "QUEDENSE MIS HUESOS EN PAZ —

” no falta quien los riegue, de cuando en cuando con sus
                                    LAGRIMAS,
” mis amigos saben donde estan,
” aquí les envian sus SUSPIROS,
” i esos no sufren comparacion,
”    con los INSÍPIDOS *aplausos* de la VANIDAD

-------

Perdone el Lector la distraccion:—las Relaciones arrastran,
con tanta mas fuerza, cuanto mas íntimas son.


La suerte de mis *compatriotas*
        me llevó al PATRIOTISMO
                el patriotismo a NAPOLEON
                        Napoleon a BOLIVAR
                                Bolívar a Venezuela:


de allí volví a ver la *América*
        i en la América hallo las Repúblicas,
                que son las que me atormentan


        BOLIVAR estaba unido con la AMERICA
                        i yo
        con EL               i        con ELLA
El ocupa toda mi MEMORIA       i     Ella toda mi ATENCION

en la FISONOMIA de los NUEVOS GOBIERNOS ,
las primeras facciones se ven
en la REVOLUCION de FRANCIA ,
i las segundas
en el JENIO de los DOS HOMBRES
que , en estos últimos tiempos , han dado
MOVIMIENTO , *a las ideas sociales* ,
en mayor extension de terreno.

| NAPOLEON | | | BOLIVAR |
|:---:|:---:|:---:|:---:|
| en Europa | } | i { | en América |

Napoleon *se encerraba*          Bolívar *queria estar en*
*en sí mismo* :                              *todas partes.*

Napoleon                              Bolívar
*queria gobernar al jénero humano* :   *queria que se gobernara por sí*

i YO
quiero que aprenda a gobernarse . . .

[este sí que es AMOR PROPIO ! !]
pues todavia quiero mas
quiero que venga a APRENDER A MI ESCUELA . . .

[ya esto no es nada, porque pasa de raya]

pero puede tomarse un sesgo,
sin perder Yo mi lugar
entre

NAPOLEON                 i                 BOLÍVAR
DENSEME LOS MUCHACHOS POBRES
{ declaran libres al nacer
o                       o
DENSEME LOS QUE LOS HACENDADOS { no pueden enseñar
o
abandonan por rudos

{ porque ya estan grandes
o                       o
dénseme los que la Inclusa bota { porque no puede mantenerlos
o
porque son hijos lejítimos

3

Reducido así mi AMOR PROPIO, á los límites en que debe encerrarse
hará todo el BIEN que alcance a haoer
i los CABALLEROS verán —
lo que sus padres no viéron, i lo que ellos no esperan ver =
que es

un hombre { que conoce sus *derechos* }
{ cumpliendo con sus *deberes* } sin que sea menester { forzarlo
ni
engañarlo

dejen dar Ideas Sociales a la Jente Pobre,

i tendrán { en quien depositar su confianza
con quien emprender lo que quieran
quien los sirva con esmero i
quien cuide de sus intereses

i contarán { con lo que sea suyo
con la palabra que les den
con los informes que pidan i
con el respeto que les deban-

en fin: tendrán JENTE con quien tratar, i contarán con
AMIGOS

la REVOLUCION DE FRANCIA [dice Mignet]
ha empezado la Era de las *Nuevas Soc'edades* ,
como la REVOLUCION DE INGLATERRA
empezó la de los nuevos *Gobiernos* .

Esta observacion hace hacer otra ,
i es
que primero pensamos en *mandar* que en *gobernar* ,
i primero en *gobernar* que en *ordenar* =
la Guerra precedió a la Jurisprudencia , i esta a la Administracion
El hombre nace *mandando* ... [obsérvese la conducta de los
niños]
Va dejando de mandar i entrando a *gobernar* , asi como va cre-
ciendo (véase la conducta de ·los jóvenes
Va dejando de Gobernar i entrando a *ordenar* hasta que deja
de crecer [véase la conducta de la virilidad]
i sigue ordenando cada vez *mas* i cada vez *mejor* , al paso
que se acerca a su fin (véase la conducta de los viejos)

La *Edad* es emblema de la *Experiencia* : i no hai otro modo de pintar esta .
i la Vida un CURSO DE ESTUDIOS para aprender a vivir
i cuando ya sabemos vivir nos morimos ,
porque ya no hai mas que saber

Aunque viviéramos MIL años, no sabriamos mas ; i aunque
fuéramos ETERNOS de nada nos serviria la experiencia, si no nos
gobernabamos por ella .

"EL QUE MAS VIVE MAS VE"
(*hablando de cosas Públicas*)
no es porque vea cosas Nuevas ;
por una , *mui poco diferente* , ve millares de veces *las mismas* .

Estamos *fastidiosamente* citando hechos de la misma especie , i
haciendo *por imitacion* , lo que otros hiciéron *por ignorancia* ,
para probar que hemos estudiado bien la historia .

Esta observacion hace hacer otras ,

1.ª que los niños no testan, porque no tienen { ni caudal / ni experiencia } que dejar

2.ª que los jóvenes disponen de sus bienes , i nó de su experiencia porque tienen mui poca

3.ª que los hombres [en jeneral] ponen mucho cuidado en
disponer de cosas que no pueden llevar , i se entierran con
una experiencia que deberian dejar ; no obstante , sin ad-
vertirlo i sin formalidades , su vida es un testamento nuncu-
pativo—cada conversacion es un artículo i cada consejo que
dan . . una cláusula — el que oye es , al mismo tiempo , here-
dero , testigo i albacea — no hai lei, no hai rescripto, no hai
potestad que anule la tradicion .

4.ª que los viejos son los autores de todos los enredos que
llenan los archivos : los Jueces, los Abogados , los Escribanos, los Procuradores , i los GOBIERNOS ! en su *honrosa* calidad de mercaderes de papel sellado , son herederos forzosos del caudal : i los que llaman LLAMADOS a heredar ,
son considerados , en el foro , como PACÍFICOS tenedores, miéntras no caen en la tentacion de deslindar desavenencias , o

entretanto que algun remoto pariente se presenta alegando derecho a la sucesion, o entretanto que ... *cualquiera cosa* ... de las muchas que arrastran las testamentarías.

5.ª Que los viejos que se meten a escribir, en lugar de buscar dinero, viven emitiendo papel, que nunca llega al par... si es que corre ... i mueren abintestato, dejando un caudal de experiencia, que sus hijos malbaratan.

distíngase de experiencias :

las que tocan al *órden público*, se ven, de ordinario, con *muchísima* indiferencia, por los hombres *mas* ilustrados — el comun de los hombres habla de trastornos políticos como si fueran *pestes* o *terremotos*, sin meterse en *causas* [i ojalá nunca emprendieran indicarlas] Los hombres públicos, de segundo órden, consideran los acontecimientos como si fueran lluvias, favorables o perjudiciales a ... *sus sembrados* — i los Jefes de las naciones, u hombres de primer órden, hacen profesion de ANTICUARIOS.—Tiempo les falta para imponerse en lo que hiciéron los Persas, los Griegos i los Romanos : cada anécdota es como una medalla = cuanto mas vieja mejor; la citan, la recitan, i se jactan de la riqueza de su coleccion.—Cada dia, despues de haber conversado, CON SUS Ministros .. UN RATO ... sobre los negocios que tienen entre manos, se retiran a sus gabinetes, i al entrar dicen [como por composicion de lugar —

la *Historia* es la *Escuela* de los *Príncipes*

Esta observacion hace hacer otra
i es,

que los Príncipes aprovechan en su Escuela, tanto como los Muchachitos que estan aprendiendo... *de memoria*... la Gramática... POR PRINCIPIOS

— dime, hijo, ¿Cómo harás, cuando veas un verbo, para conocer si es IRREGULAR?
— *Eso no está en mi Librito*, Señor:
—————————————jn jn *

* Esta parece ser la Ortografia de una interjeccion que hacemos con aspiracion nasal.

— i–i–i... ¿Cuántos son los adverbios de LUGAR?

— *Aquí, allá, &c. Señor.*

——————————— jn

— i, no hai mas?

— *nó, Señor, no hai mas.*

——————————— jn jn

— i–i–i.. ¿Cuántos son los adverbios de TIEMPO?

— *ayer, hoi, &c. Señor.*

——————————— jn

— i, no hai mas?

— *nó, Señor, no hai mas.*

——————————— jn jn

— i–i–i... ¿Sabes lo que es et cétera

— *Eso* TOAVIA *no me l' han* ENSEÑAO

——————————— jn jn jn

— Vaya, hijo, aplícate — que, con esos PRINCIPIOS no habrá cuestion que no resuelvas.

volvamos

a la REVOLUCION de FRANCIA

i estudiémosla POR PRINCIPIOS,
en el Catecismo de Mignet.

" La Revolucion, (dice) no solo ha modificado el Poder
" Político, sino que ha mudado toda la Existencia In-
" terior de la nacion. Las formas sociales de la edad
" media existian aún — el suelo estaba dividido en Pro-
" vincias enemigas, i los hombres en Clases Rivales.
" Aunque la Nobleza conservaba sus distinciones, habia
" perdido todo su poder. El pueblo estaba privado de
" toda especie de derecho — la Autoridad Real no conocia
" límites — i la Francia, en una entera confusion estaba
" entregada a la arbitrariedad ministerial, al réjimen par-
" ticular de los lugares, i a los privilejios de cuerpo.
" La Revolucion sostituyó a aquel órden abusivo uno mas

” conforme a la justicia i mas apropiado a los tiempos.
” Reemplazó la arbitrariedad con la lei, el privilejio con
” la igualdad — obolió las distinciones que separaban las
” clases, quitó las barreras que aislaban las provincias i las
” trabas que las corporaciones ponian a la industria —
” descargó la agricultura del peso del feudo i del diezmo,
” sacó la propiedad del entorpecimiento de las sostitucio-
” nes, i redujo todo a un solo Estado, a un solo dere-
” cho i a un solo pueblo.

” Para hacer tantas y tan grandes reformas, la Revo-
” lucion tuvo qué vencer muchos obstáculos : su accion
” dió lugar a muchos excesos pasajeros ; pero produjo
” muchos bienes durables. Los privilejiados quisieron poner
” impedimento i la Europa oponerse a su curso : forzáron la
” nacion a la lucha, i empeñada en ella, no pudo medir
” sus esfuerzos ni moderarse en sus victorias. La resis-
” tencia interior condujo a la Soberanía de la multitud,
” i la agresion exterior , , a la dominacion militar ; i a
” pesar de la anarquía i del despotismo , se consiguió el
” fin — la antigua Sociedad quedó destruida en la revo-
” lucion, i la nueva se estableció bajo el Imperio.

” Cuando una reforma se ha hecho necesaria , i que
” ha llegado el momento de efectuarse , nada la impide i
” todo la sirve. ¡ Felices entónces los hombres que saben
” entenderse, cediendo unos lo que tienen de mas , i con-
” tentándose otros con lo que les falta. Si las revolucio-
” nes se hicieran amigablemente , el historiador no tendria
” qué recordar desgracias, i presentaria la humanidad cor-
” rejida de sus errores, mas prudente, mas libre, i mas
” dichosa ; pero los anales de los pueblos, no ofrecen de
” estos ejemplos : los que debian ceder rehusan, i los que
” pretenden exijen : el bien se obtiene por medios violen-
” tos, como el mal se hace por usurpacion : todavia no
” se conoce otro Soberano que la fuerza.

Pintando de otro modo este Cuadro ,
para hacerlo mas sensible a los ojos ,
veamos la FRANCIA
en el desórden de una Revolucion
haciendo
una REPUBLICA que , a poco, transformó
en IMPERIO , i luego , el Imperio , en MONARQUIA
constitucional .

la *República* 〈 el *Imperio* 〉 i la *Monarquía*
tuvo VARIOS JEFES 〉 un ADVENEDIZO 〉 dos REYES DE RAZA

el 2.do traicionó LA CARTA
i fué depuesto por mañoso .

forma la Francia
un *nuevo gobierno* , compuesto de los 3
i lo llama DEMOCRACIA MONARQUICA

la CLASE MEDIA es 〉 el REI es 〉 i el pueblo es
el YEI 〉 un GUARDA SELLOS 〉 todo POBRE IGNORANTE

de esta clase 〉 el Rei 〉 i el pueblo es
*salen todos los empleados* 〉 es 1ᵛ. *funcionario* 〉 *nada*
i los ministros 〉 i las 〉
dan las órdenes 〉 refrenda . 〉 i obedece

ESTO 〉 no *es* lo que *será* 〉
porque 〉 pero !.. se acerca mucho
no es lo que debe ser 〉

los franceses 〉 son CREADORES ! 〉
porque 〉 son los GRIEGOS ! de nuestros tiempos
tienen *imajinacion* 〉

Pero ,
〉 aunque trataran de ella en griego
por buena que sea la INVENCION , i 〉 paraque
〉 no los entendieran ,
los Zapateros y los Campesinos franceses son el DIABLO ! i , entre
ellos, hai muchos que saben las lenguas clásicas—i dirán a sus compañeros lo que oyen en las conversaciones. Les dirán , que quieren
hacerlos trabajar POR POCO , paraque no lleguen a RICOS , i tenerlos todo
el año ocupados , paraque no tengan tiempo de aprender *lo que no les
toca saber*—que los tratan de PROLETARIOS , que quiere decir *jente buena
para hacer* CRIA.

La clase media ¡ que es tan instruida!
¿ no sabe que los franceses tienen MALAS PULGAS ? ...
Busquen en su diccionario i hallarán refranes equivalentes a los Españoles —
" nos quieren hacer comulgar con ruedas de molino "
a otro perro con ese hueso

Dejemos la Francia

i veamos la AMERICA

Estamos Perplejos — i debemos estarlo :
Nuevos en la Carrera ,
i con tantos ejemplos a la vista — todos dignos de atencion ,
tomamos , de cada uno , lo que nos parece mejor —

de la INGLATERRA tomamos   la ARISTOCRACIA DE NACIMIENTO=
hai , entre nosotros , Familias Enteras !
que en nada ceden a los Lores ni a las Ladies :

de los ESTADOS UNIDOS tomamos  la ARISTOCRACIA MERCANTIL=
hai , entre nosotros , negociantes !
que no se rozarian con menestrales
por todos los tesoros del mundo

de la FRANCIA             tomamos          la CLASE MEDIA
a esta , llevamos muchas ventajas !
a mas de la JENTUZA , ocupada en oficios BAJOS

tenemos
{
Huasos , Chinos i Bárbaros
Gauchos , Cholos i Huachinangos
Negros , Prietos i Jentiles
Serranos , Calentanos , Indíjenas
Jente de Color i de Ruana *
Morenos , Mulatos i Zambos
Blancos porfiados i Patas amarillas
i una CHUSMA de Cruzados
Tercerones , Cuarterones , Quinterones ,
i Salta—atras
que hace , como en botánica ,
una familia de CRIPTÓGAMOS
}

Delante de esta JENTE , pueden
{
la nobleza ,
el comercio ,
i la clase media
}

hablar de sus asuntos políticos
{
en Araucano
en Pehuenche
en Quichua
eu Aimará
en Guineo o
en Ilascalteca
}

tan seguros del secreto como si hablaran
en VASCUENCE

---

* En la Nueva-Granada llaman el Poncho RUANA .

Vea la Europa cómo INVENTA
i  .   la América cómo IMITA

El *mérito* de los proyectos está en la PREVISION
= donde no hai *prevision* no hai MERITO

Cuando se han hecho todos los esfuerzos posibles para descubrir, i que el procedimiento *urje*, viene bien el decir
que —

ALGO se ha de dar a la CASUALIDAD;

pero cuando NADA se ha hecho . . . o MUI POCO . . . i se dice
lo mismo, debe entenderse que

no es ALGO        sino        TODO !
que la CASUALIDAD suple por la PREVISION =

por consiguiente que
el mérito es de las CIRCUNSTANCIAS, nó del que obra
en ellas.

Los *esfuerzos* que los Monarcas i los Nobles hacen por
sostenerse, i los *arbitrios* de que se valen para
*sostenerlos*, los que se hallan bien con Ellos...
son inútiles

Los *medios violentos* de conseguir la Libertad, poniendo el
ejercicio de la autoridad, en manos de la multitud, es reemplazar un despotismo *llevadero* con
otro *insoportable*

Las *medidas* que se han tomado en Europa [i quieren tomarse en América ] quitando al rei un poco de
autoridad,, i a la nobleza algunos privilejios..
para cortar abusos.. son insuficientes,, i dejan
campo para volver al *despotismo* o a la *anarquía*

4

No hai *proyecto* que resista a los conocimientos difundidos en las masas (pueden decir ESTAS a los reyes i a los realistas)

No hai *experiencia* cruel que no hayamos hecho (deben decir a los demagogos)

No hai *amaño* de que no hayamos visto el resultado (dirán a los constitucionalistas)

no hai LEI, no hai RESCRIPTO, no hai POTESTAD.
que anule la TRADICION
[*dirán a los abogados de la* IGNORANCIA]

Las Sociedades tienden a un *modo de existir*, muí diferente del que han tenido, i del que se pretende que tengan.

Los hombres de estos últimos tiempos —
*escarmentados* de los trabajos que han pasado en tentativas inútiles —
*desengañados* de la aparente conveniencia que presentan los Sistemas conocidos —
*cansados* de oir i de leer elojios pomposos de cosas insignificantes, i a veces, de lo que no ha sucedido —
*hartos* de verse maltratar a nombre de DIOS! del REI o de la PATRIA —

quieren vivir

## SIN REYES i SIN CONGRESOS,
no quieren tener

AMOS ni TUTORES

quieren ser dueños
de sus *personas*, de sus *bienes* i de su *voluntad*;
sin que por eso entiendan
vivir como ANIMALES FEROCES,
*(que es lo que suponen los defensores del absolutismo manifiesto o paliado)*

Quieren gobernarse por la RAZON
que es la autoridad de la naturaleza

RAZON, es figura abstracta de la FACULTAD DE PENSAR

la Naturaleza { de Estúpidos, de Esclavos la Sociedad las hace
no hace Razas { de Pobres ni por su descuido nò por su conveniencia
de Ignorantes }

La Facultad de Pensar ... puesta en ejercicio ... es la re-
comendacion que presenta , la persona de quien decimos—

" *es hombre o mujer de Razon*
" *es persona mui Racional*

Este mérito no se adquiere en el abandono ni en la ociosidad.

Entre los hombres abandonados a su suerte, en la masa
del pueblo , ha habido muchos que han conocido la injusticia de los Potentados i de los Poderosos ; i algunos han
clamado contra ella: HOI ! . : el número es ... considerable !
i ... mucho mayor ! que lo que piensan los que andan, de
Salon en Salon, ostentando *Luces.* i *Riquezas*, i hablando,
con el mas alto desprecio, de los que les llenan la bolsa o
los mantienen de Estudiantes,

" ¿ Quiere U . { que el hijo de *un Zapatero*
se eduque
como el hijo de un NEGOCIANTE ? ! "
[preguntan, con Enfado , al que habla de *Educacion Popular* *

---

* Es de advertir que EDUCACION, nunca se había visto en *mala
compañía*, hasta el año 28, que se presentó, en las calles de
Arequipa, con *Popular* . El año 29, se apareció, en las Gace-
tas, con su Compañero, , por un efecto de la *Popularidad* de
algunos Soberanos, a solicitud de ciertos Escritores filántropos —
con el fin de instruir a las masas ... descarriadas por la ,rovolu-
cion ...en sus derechos i deberes, ... nó Sociales sino *Morales* ; i la
*Moral* es, que retroceden al estado antiguo, de subordinacion a
sus lejítimos Príncipes i Señores. No creyéndose seguros en¶ la
*Moral*, pasáron a la Relijion, i ya los derechos i deberes no son
Morales sino Relijiosos: — la Relijion, pues, da el derecho de
oprimir al prójimo, i al prójimo le impone el deber de aguantar. —
, Por este principio, los Ministros ,del altar son ; por una parte, ,
sustentáculos de la Vanidad, ; i por otra, , instrumentos serviles
de Especulacion: —su ministerio es andar por los Campos, por
las Manufacturas i por los Almacenes, predicando, a todo fiel
Cristiano, sumision a los Hacendados, a los Fabricantes i a los
Mercaderes — llamando *Resignacion*, la ciega obediencia de los
brutos, , i *Virtud*, la estúpida conformidad con la voluntad del
Patron, — todo respaldado con los altos designios de la PROVIDENCIA.
(modo cortés de insultar a la Divinidad)

# FIN DE LA SOCIEDAD

Los hombres no estan en Sociedad para decirse que tienen necesidades — ni para aconsejarse que busquen cómo remediarlas — ni para exhortarse a tener paciencia; sino para consultarse sobre los medios de satisfacer sus deseos,, porque nó satisfacerlos es *padecer*.

Para tratar de su bienestar, no deben perder Consultores, ni medios de consultar = cada hombre excluido del Consejo es un voto de ménos,, i un perjuicio, porque hai qué pensar en él, paraque no ofenda,, i por él cuando lo necesitan. ¡¿ Qué mal calcula el que condena a un hombre a la ignorancia, por el gusto de tener quien lo exente maquinalmente del cuidado de su persona?! — de cuántos bienes

---

Los Clérigos vienen a figurar en el proyecto —
como AJENTES DE NEGOCIOS
(*mediante una escasa renta*)
de todo el que quiera ENGRANDECERSE
i como COMISIONADOS
(*mediante un tanto por ciento*)
de todo el que quierh ENRIQUECERSE

A buen estado aa venido a parar la Relijon :
Los Ministros deben estar muí satisfechos de sus nuevas funciones,

No se puede esperar mas, de quien vuelve las espaldas a la Luz,
para encaminarse a las Tinieblas.

---

Otro rasgo de celo por el sosten
de las Buenas Costumbres.

Se sujiere a los Gobiernos la Idea de poner, en cada establecimiento rural, un Cura, (pagado por el Estado) paraque vaya regando la Semilla del Evanjelio, al paso que el campesino riegue su trigo . . . ¡Ojalá fuera la Semilla del Evanjelio, i nó la que debe salir del *costal de esperanzas* que se piensa poner al cuidado del párroco político. Por uno o por otro, la noticia debe ser plausible para el Estado Eclesiástico. ¡Cuanto Curato vacante! ¡Qué concursos tan lucidos!

Aquí viene bien un trocito de aquel pensamiento sublime, que cita Capmani, en su filosofia de la elocuencia —
¡ La Imajinacion se rinde bajo el peso de la creacion !

no gozaria si lo hiciese capaz de ser su confidente!? —
¡¿ Qué simple es el hombre que siente un placer en verse
rodeado de sirvientes que no necesita, i que inventa˜ necesidades para hacerse servir!? ¡¿ i qué necio el que afecta
disgusto de verse obligado a tener sirvientes, ¿por el *qué dirán
si no los tiene!?*

Se nos amontonan! las Observaciones, si no las ordenamos:
pongámoslas en Escala,
i recorramos esta, deteniéndonos en cada Escalon,
para reflexionar.

la Escala se divide en 4 partes —

1.ra Infrinjimos los Preceptos de la HUMANIDAD
2.da Nos imponemos muchas PRIVACIONES
3.ra Nos hacemos muchos MALES
4.ta nos PERVERTIMOS

### 1.ra Parte.

No puede negarse que es *inhumanidad*, el privar a un hombre de los conocimientos que necesita, para entenderse con
sus semejantes,, puesto que, sin ellos, su existencia es *precaria* i su vida... *miserable*. La Instruccion es, para el espíritu, lo que, para el cuerpo, el Pan... [no de solo pan
vive el hombre]: i asícomo, no se tiene a un hombre
*muerto de hambre*, porque es de poco comer,, no se le ha
de ⌐condenar a la *ignorancia*, porque es de ˷pocos alcan-
ces.

No se negará tampoco que, cuanto mayor sea el número de hombres perjudicados,, mayor será el número de
actos de inhumanidad = luego las naciones mas populosas,
son las mas inhumanas.

Ver la Ignorancia, la Pobreza, i los Yerros que comete un miserable... por ignorancia — i huir de él — despre-
ciarlo *en su presencia!* — ¡MALTRATARLO! cuando se nos
antoja... no es proceder que prueba Sensibilidad ni Luces.

Alegar, el Gobierno! que... hai Escuelas, i
descargar, EL i TODOS, su conciencia, con el refran de los
Egoistas
" *Cada uno para sí. i Dios para todos,* "
es buscar respuestas desagradables:
el *Dios para todos*... SOCIAL

no es *hacer cada uno su negocio*, *i pierda el que no esté alerta*,
sino *pensar cada uno en todos*, paraque *todos piensen en él*.

Los hombres no estan en el mundo $\begin{cases} \text{para entredestruirse} \\ \text{sino} \\ \text{para entreayudarse}. \end{cases}$

Servirse del nombre de Dios, para respaldar injusticias,
es BLASFEMIA

Preguntar al que aboga por la Instruccion Jéneral,
con qué *títulos lo hace*, es el colmo de la INSENSATEZ,
porque,

Pedir *lo necesario*, es de derecho *natural*,
Reclamar *lo que es debido*, es de derecho *civil*, i...
*Interesarse* por el prójimo es CARIDAD.

Responda, el que haga la pregunta, ya que dice que
*hai escuelas!*

Si los pobres no tienen derecho al Saber,
Si se les Enseña....i qué,
Quien los enseña....i cómo,
Quien tiene obligacion de enseñarlos,
Si se cumple con esta obligacion
Si enseñar *a medias* es enseñar
[porque las cosas no han de estar a medio hacer, sino miéntras
se estan haciendo]
Si es de temer que el pobre que conozca la sociedad, no
quiera trabajar,
Si los pobres instruidos estan ociosos,
Si todos los ricos instruidos estan ocupados, i... en qué,

Si estar ocupado en cosas $\begin{cases} \text{ridículas} \\ \text{inútiles o} \\ \text{perjudiciales} \end{cases}$ es estar ocupado socialmente

Si los que viven en la ignorancia *de todo deber*, saben que deben ocuparse,
Si se podrá hacer entender que la ocupacion es una *virtud*,
al quien no sabe lo que es *virtud*,
Si el sirviente que obedece como un bruto, es preferible al
que obedece porque piensa
Si el Labrador, el Artesano, el Tendero han de ser BESTIAS,
.... en fin
Si no será por distinguirse, a poca costa, que se aboga por
la Ignorancia.

2.<sup>da</sup> parte de la Escala
*Nos imponemos muchas privaciones*

¡!De cuántas satisfacciones, Espirituales i Corporales, no se privan los hombres, por el absoluto abandono en que viven los mas !?
— Si se hubiera malogrado, en la Ignorancia Jeneral, el talento de los Escritores que nos han instruido... qué sabriamos?!....— Si la Instruccion se proporcionara a TODOS..
¡¡ cuántos de los que despreciamos, por Ignorantes, no serian nuestros Consejeros, nuestros Bienhechores o nuestros Amigos?!.... ¡¡ Cuántos de los que nos obligan a echar cerrojos a nuestras puertas, no serian Depositarios de las llaves?!.... ¡¡ Cuántos de los que *tememos* en los caminos, no serían nuestros compañeros de viaje?! No echamos de ver que *los mas* de los Malvados, son hombres de talento... *ignorantes* — que *los mas* de los que nos mueven a risa, con sus despropósitos, serian mejores Maestros que *muchos*, de los que ocupan las Cátedras — que *las mas* de las mujeres, que excluimos de nuestras reuniones, por su mala conducta, las honrarian con su asistencia; en fin, que, entre los que vemos con desden, hai *muchísimos* que serian mejores que nosotros, si hubieran tenido Escuela.

3.<sup>ra</sup> parte
*nos hacemos muchos males.*

¿Cual es la causa de estar las Naciones.. CULTAS! en guerra abierta, sino la *Ignorancia del arte de vivir?* Son Sábias en TODO; pero no han hallado el secreto de entenderse = puesto que, llaman los Cañones a Consejo, en sus deliberaciones — puesto que, sostienen que deben destruirse por el bien de la Sociedad — puesto que, se felicitan del descubrimiento de la POLVORA como de la invencion de la IMPRENTA — puesto que, sabiendo lo que es *prosperar i preponderar*, creen que solo PREPONDERANDO *prosperan*. En sus conversaciones, no se oye sino CIVILIZACION! En sus escritos, se tropieza, a cada paso, con la CIVILIZACION! i todo es *civilizacoin*: i cuanto mas...; pero no sigamos:
Un escritor moderno viene a ahorrarnos trabajo:
En 4 renglones pinta la idea dominante de unas na-

ciones que se duelen de la IGNORANCIA ! de las pasadas :
" Las Cámaras [dice el escritor]
"harán servir la *índole guerrera* de la nacion
"al bien de la *humanidad* i del CRISTIANISMO !
" votarán, cuando sea necesario,... la GUERRA ! pero ...
una guerra —
parcial, comercial, bienhechora, civilizadora i ...cristiana.
qué leccion !?....
para discípulos tan aplicados como nosotros !
i qué maximas !?...

tan dignas de la atencion de nuestros Próceres !
i de cuánto no pueden servirles !?...
en el filantrópico proyecto que estan formando ...
de Colonizar el pais con jente —
laboriosa, industriosa, ajenciosa, injeniosa, relijiosa

i sobre todo pacífica !!

*Sigan las preguntas .*

¿ Cuál es la causa de las revoluciones , sino la *Ignorancia?*
¿ Quién comete los atentados que las hacen tan temibles ,
sino la *Ignorancia?*
Los que creen deber sacrificar a todo el que no sea de su
opinion ¿ no son *Ignorantes?*
Los que hablan de Confiscaciones, de Prisiones, de Des—
tierros i de Matanzas, cuando no pueden conseguir lo
que pretenden ¿ saben lo que dicen? i los que las hacen ¿ piensan bien en las consecuencias? ¿ i piensan mejor, los que se jactan de su sagacidad porque han abu-
sado de la buena fé, sorprendido o perjudicado?
¿ Cuál es el motivo de tántos proyectos sobre la forma de
Gobierno, sino el miedo que tienen los Publicistas a los
*Efujios* de la *Ignorancia?*
Los que negocian Elecciones, a cara descubierta —las obtienen
por manejos, ó las sacan por fuerza, para representar a
un pueblo que no conocen,, i en asuntos que no entienden, solo por darse importancia ¿ piensan en el mal que
pueden hacer, i en el que puede resultarles del que hagan ?

Los que, por fines particulares, hacen Señor de Vidas i haciendas al Jefe de la Nacion, sin pensar en *quién le sucederá!* ... ¿ llevan por mira el bien público?... i si se les reconviene i responden.. ¿ QUE IMPORTA? ... ¿ sabrán lo que vale esta expresion?... i si dicen que lo saben ¡¡ qué juicio formará el que los oiga?!..

Los que se dejan elejir por personas que *compran Votos con Votos*, i van, por condescendencia a *hacer leyes de encomienda*, ¿ piensan en el bien de los pueblos?

Y los que, por no desobedecer a una lei, que hace Lejisladores, como el Señor hizo Apóstoles, *saltan del bote a la playa*, sin preguntar donde van,, i se ven derepente en Congreso, sin saber lo que han de decir — esperando que el espíritu de la Constitucion los ilumine, ¿ harán algun bien a la humanidad?

El que hace mal por hacer bien, o bien por hacer mal ¿ sabrá lo que hace?

Los que desde los *Bancos* del Congreso, ò desde el *Solio* presidencial, disponen de los Cuasi–inmuebles del territorio, como si fueran frutos de sus haciendas,, o del territorio mismo, como si fuera Predio que les viniese de sus mayores, por herencia, ¿ habrán estudiado bien el derecho, para ver hasta dónde alcanzan sus facultades? — ¿ habrán consultado a sus co–propietarios o co–herederos, para ver si consienten en la enajenacion, o en ser cómplices de un atentado contra la propiedad de sus hijos?

La Ignorancia es la causa
de todos los males que el hombre se hace i hace a otros,
i esto es inevitable,,
porque la omniciencia no cabe en un hombre :
puede caber, hasta cierto punto, en una Sociedad —
(por el mas i el ménos se distingue una de otra ..)
No es culpable un hombre porque ignora —
(poco es lo que puede saber)
pero lo será, si se encarga de hacer lo que no sabe

4.ta parte de la Escala
*nos pervertimos*

Las cosas obran ⎰ unas *con* otras, al CONTACTO
⎱ i
⎱ unas *en* otras, por INFLUENCIA          5

Cada hombre pone $\begin{Bmatrix} \text{sus ojos} \\ \text{i} \\ \text{sus oidos} \end{Bmatrix}$ en contacto con $\begin{Bmatrix} \text{los movimientos i} \\ \text{con los efectos de} \\ \text{los movimientos} \\ \text{de otro hombre.} \end{Bmatrix}$

= ve lo que hace , i oye lo que dice .

i los que podrian serle propios , si no imitara,
se resienten de la Influencia de los que ha imitado.

Esto bastaria

paraque cada uno juzgase de sus movimientos,

esto es ,

paraque conociese si son suyos, o si los debe a la imitacion ;
pero debe todavía hacer dos observaciones :

1.ª que aunque el clima influye en los movimientos ,, las va-
riaciones que él mismo experimenta, permiten que , en
sus producciones, haya variedades = los hijos de una familia, aislada en un lugar, tienen el timbre del suelo ;
pero unos imitan al padre, otros a la madre,, y entre
ellos, unos a otros se imitan .

2.ᵈᵃ que donde el amor propio manifiesta más su poder, es
en el estado de *ilusion contínua* en que nos tiene, para
juzgar de la impresion que hacen nuestras acciones.
Nadie cree desagradables su voz, sus jestos, sus ademanes ni sus actitudes; al contrario, trata de refinarlos
por agradar — i al mismo tiempo , oye i ve con des-
agrado lo mismo en otros. Este es el caso de la *paja
i la viga* , i el de una

*Reflexion* que deben hacer
los *Directores de la Instruccion pública* ,

para poner, al frente de los niños , Maestros que enseñen
con sus Modales : buscando en ellos *Jestos* , *Ademanes i
Actitudes decentes* ,, i sobre todo ...
IDIOMA , empezando por la BOCA =
como buscan Costumbres Ejemplares .

Todavía quedan , entre nosotros, expresiones que se
resienten de la idea, que tenian los antiguos , de las cualidades de un Maestro de Escuela. Pretendia serlo , un buen
hombre, que el *hambre llamaba al Majisterio* ,, i , para apo-
yar su solicitud , se valia de un Empeño : la respuesta del
Rejidor era

VEREMOS LA LETRA

Se esmeraba el Pretendiente en los RASGOS de su memorial

— echaba una firma de a *media hora* — con los Artículos i las Bienaventuranzas salia del exámen — i si pasaba las mañanas en la Iglesia, pidiendo, con el pater noster, *qué almorzar*, estaba seguro del certificado de su Párroco.

La *Experiencia* se adquiere a costa de la *Sensibilidad*= goce contínuo acaba en indiferencia — las funciones mas importantes de la vida nos lo prueban = nadie piensa en lo que hacen el Corazon i los Pulmones. = con todo hábito sucede lo mismo.

Lo que se ve continuamente hace lei: por monstruoso que parezca, a los principios,, desagrada, cada vez ménos, i llega a parecer bien: lo que nunca se ha visto de otro modo, así debe ser = por eso la idea de la hermosura varia, segun los paises. Apliquese esto, no solo a las impresiones que recibimos por los ojos i por los oídos, sino al modo de juzgar de lo que vemos i oímos,, i a nuestra conducta con las cosas i con las personas: recorramos despues las escenas de la vida,

a ver ⎰ qué hemos aprendido,
⎱ de quién ⎰ hemos aprendido.
⎱ i dónde ⎰

Preguntémonos si lo que hacemos es bueno o malo para nosotros,, i si será lo mismo para otros —Si juzgamos de las cosas por lo que nos parecen ser, o por el conocimiento que tenemos de ellas — i todavía si el conocimiento nos viene del estudio, o de vanas observancias propias o ajenas.

Preguntémonos si nuestros Maestros *sabian* i... si SABIAN ENSEÑAR.

Preguntémonos si en el lugar donde aprendimos habia objetos de comparacion:

i despues de esta revista
recojámonos a pensar i verémos que —
para juzgar del mérito de nuestras acciones
debemos salir de nosotros mismos,
asícomo nos suponemos fuera del globo, para estudiarlo
en un mapa.

Figurémonos viendo, desde una altura,
la Sociedad en que vivimos,

i no sabrémos por donde empezar a observar.

El tiempo se nos irá en escojer, entre los caractéres sobresalientes, los que sobresalen mas,, i, todos sobresalen a un tiempo, porque todo es exterioridad. —Una desconfianza jeneral afecta todas las clases — unas a otras se temen, sin poder determinar la causa,, i no es otra que el egoismo, propio de la Ignorancia en que yacen millones de hombres, por la falsa idea que tienen de la Sociedad, los pocos que la suerte ha puesto a gobernarla.

Estos hombres no advierten, que engañar *por conviene* es creer que *conviene engañar*, i que acostumbrados a traicionar su conciencia, acababan engañándose a sí mismos⁼llegan a creer que los creen, i que *el oficio de engañar* no es bajo. Las Ideas Sociales, tocando a este punto, han llegado al último estado de PERVERSION. Una Idea se ha dañado i ha dañado a las demas = todo es falsedad, en el trato con jente ignorante,, porque no hai caso en que no se deba mentir,, i se miente en todo por costumbre.

Viájese por los paises donde hai esclavos, i se verá que los amos han aprendido mucho de lo que han enseñado; pero que sus esclavos conocen mejor que ellos el arte de engañar: los Esclavos nunca creen a sus Amos,, i han hecho a sus amos crédulos: afectando sumision los dominan.

I ¿seria creible, si no se viera, que millares de personas, por muchos títulos apreciables, sostienen este réjimen de vida?

Es imposible que las más no se averguencen de verse en la necesidad de *mantener* la esclavitud por *mantenerse*, i que no se entristezcan cuando oyen decir que

*la Ignorancia se sostiene por ignorancia*

SUELO , SITUACION I MOVIMIENTO

**SUELO , SITUACION I MOVIMIENTO**
*de las Nuevas Repúblicas*

Los Franceses se acercan a resolver la cuestion del dia;
pero no es de esperar que consigan resolverla favorablemen-
te , , porque no tienen *donde* hacer una nueva Sociedad...
            Las cosas no existen sin-lugar.
Esperando que la *Infima* Clase vaya ascendiendo a la *Media*,
            la *Media* .     irá descendiendo a la *Infima*,
i, entre las 2 formarán *una*, que será verdaderamente *Media*:
la *Media* actual se hará *Aristocrática*, por sostener al *Rei*
contra las 2 — i el Rei gobernará a las 3

                    no nos alucinemos:
    sin *Educacion popular*, no habrá *verdadera Sociedad*.

Es menester que los Gobiernos renuncien el proyecto de
                    Dominacion
        i . las Naciones       . el   . de
                    Preponderancia.
Vean las plantas.     En los Bosques hai Preponderancia —
                en los Verdugales hai Enredo
                en los Verjeles hai Prosperidad
                en las Huertas hai Simetría
En los Bosques, los Arboles estan abandonados a su instinto —
en el desórden consiste su hermosura — el dueño no va a vi-
sitar su propiedad, sino con el hacha en la mano. ¿Hacen
otra cosa los Soberanos con sus Pueblos?

La Mision de un Gobernante *liberal*... LIBERAL, se entiende...
es cuidar de *todos* los hombres, en la Infancia...
de TODOS... de TODOS, sin excepcion,, paraque cuiden de
sí mismos despues, i cuiden de su Gobierno
    *En su lugar se propondrá el medio de conseguir esto, en
    América:* ahora ayudemos a los Próceres de las
    Nuevas Repúblicas, a pensar.

Se trata nada ménos que de la Suerte. de una gran parte
de la Nacion Española,
                        ⎧ por la Ignorancia del último Rei de España
Separada de la otra ⎨            i
                        ⎩ por la Avaricia del Comercio Peninsular

[38]

Considéremosla. como se consideran todas las cosas, cuando
no se examinan por su *Esencia*: no veamos lo que es *en sí*,
sino el estado en que la ponen —
el Lugar que ocupa
la Situacion en que se halla
i los Movimientos que ejecuta

### LUGAR

Dispersa, por pequeños grupos, en un Vasto Continente,
erizado de altas montañas, i cruzado por rios caudalosos,
que atraviesan anchas llanuras i bosques impenetrables.

### SITUACION

Los *Grupos*, separados por las distancias i aislados por
los obstáculos, viven casi ignorados unos de otros = por consiguiente, privados de los auxilios que deberian prestarse, i de
los socorros que podrian dárse.

### MOVIMIENTO ECONOMICO

Sin Tesoro — sin medios seguros de formarlo — pendien-
tes de una escasa industria, para los gastos ordinarios,, i sin espe-
ranza FUNDADA de poder pagar los que hiciéron, en la guerra
de su Independencia — contando, por toda renta, con Estan-
cos,, i con la precaria entrada de Aduanas, sin considerar que
*Recibos por Derechos. son Libranzas contra el Consumidor*—
que APUANA, es una de las muchas TRETAS monárquicas para llenar Cajas, sin que lo sepa el que da=trampantojo del
tiempo Viejo, que el Nuevo empieza a conocer..

### MOVIMIENTO POLITICO

Sin plan de operaciones — sin Consejo que combine los intereses de las Clases — Consultándose con Indiferentes—Perplejos
en la eleccion de un Sistema de vida Social — Colgados de
ejemplos, máximas e instituciones, inadaptables a su suelo, a
su jenio, a sus costumbres, i a sus circunstáncias — conviniendo
en el deseo de acertar, pero nó en los medios — difiriendo en
las ideas, i haciendo partidos que se chocan, a veces con tanta animosidad i acaloramiento, que solo tratan de aniquilarse.

No obstante, los que no entran en el conflicto, piensan
i proponen medios—
       unos los hallan en el COMERCIO,
       otros . . en la COLONIZACION,
       otros . . eñ la LIBERTAD DE CULTOS .
Para los habitantes, son 3 proyectos . . . a escojer,,
para los extranjeros es un solo proyecto „

porque su fin es $\left\{\begin{array}{c}\text{subsistir con ménos trabajo}\\ \text{o}\\ \text{hacer caudal en ménos tiempo}\end{array}\right\}$ que en su pais

          viviendo como vivian allá .

El *Comercio* está ya establecido, i los *Cultos* empiezan,
los *Colonos* se esperan de un dia para otro
         —Cual será el resultado?...
—El que se está viendo en algunas partes,
     con jeneral aplauso de los habitantes

    COLONIAS, que apénas hacian ayer PROVINCIAS
        son hoi NACIONES!
  es regular que aspiren a la PREPONDERANCIA

      COMERCIO.

Unas toman por Prosperidad el ver
sus *Puertos* llenos de *Barcos* . . . . . . . . . . . .   ajenos
   que vienen a traer, sin saber lo que llevarán de
   retorno.
Sus *Casas*, convertidas en *Almacenes*
   de efectos . . . . . . . . . . . . . . . . . . . .   ajenos
Sus *Puertas*, colgadas de *Trapos*. . . . . . . .   ajenos
   de venta,.. sin tener con qué comprarlos,
las *Calles*, obstruidas de *Carretas* i *Cargadores*.
   traspalando jéneros de una tienda a otra,
   a seis meses de plazo, las mas veces . . . .   nominales
   i los Campesinos, en el interior. . . . . . .   durmiendo,
   miéntras crece el trigo que ya tienen vendido .   en verde ,
   por ménos de lo que les costó *sembrarlo* .
Faroles, Lámparas i Reverberos en las *tiendas*,
   i en los campos se acuestan . . . . . . . .   a oscuras
Entre los Coches que se cruzan en las Capitales ,
   se ve un hombre cubierto de Andrajos, con
   una. Reja a cuestas, i una campanilla en el

tope,, anunciando que van a *azotarlo* en la
PLAZA MAYOR , por haber robado ... tal vez
un PAN .. por no acostarse en ayúnas.

"Esta jente es hija del rigor "
[dicen los que lo ven pasar]
como si el hacer perder a un hombre la vergüenza
fuera un medio de hacérsela tener.

Viva el COMERCIO ! fuente de toda PROSPERIDAD !

CULTOS

En otras partes, cantan *progresos*! ILUSTRACION! CIVILIZACION!

porque ya no van a misa ni rezan el rosario
porque ya tienen Iglesias sin Santos
Clérigos con Peluca i Cherchas
donde se predica sentado, con el
sombrero puesto.
porque ya hai familias que se pasman los Domingos,
i Tabernas, donde no se venden licores
sino despues de los Oficios
porque ya se disputa , en las tertulias, sobre la venida del Mesías.
en fin
porque ya los Negros se circuncidan
i los Indios se entierran con
la Biblia en el pecho, en lugar de
Bula de Difuntos .

Viva la BUENA INTELIJENCIA !.. viva la CONFRATER-
NIDAD !

entretanto',

las Nuevas Naciones... TODAS! se creen

HONRADAS { por las banderas / i / los Escudos de armas } de los Cónsules que vienen / a...protejer su comercio—

Seguras... porque la Madre Patria ha dejado de perseguirlas, i...

Felices [las mas] por que sus acreedores no las importunan.

Este Estado de Cosas
[véase por el aspecto que se quiera]
es PRECARIO:

pensemos.

El Réjimen Monárquico, despues de una vida cacoquímica, de muchos siglos „ hizo Cama en Paris, a fines del siglo pasado.

de todas partes, ocurriéron Médicos Insignes, a...
DISPUTAR con los de Cabecera, i...
DISPUTANDO han pasado medio siglo,...
SIN ENTENDERSE

Pide uno la palabra...............como si fuera a recetar, i sale haciendo un GRAN DISCURSO, en términos del arte para—

*describir la enfermedad.*

La pide otro.................no receta tampoco, i sale con un discurso, INFLADO DE ERUDICION, para—

*hacer la historia del mal,*
*desde el primer dolor de cabeza,*

distinguiéndolo $\left\{\begin{array}{c}\text{en celfaljia}\\\text{i}\\\text{en cefálea}\end{array}\right\}$ por no decir $\left\{\begin{array}{c}\text{pasajero}\\\text{o}\\\text{contínuo}\end{array}\right.$

La pide otro...............receta ménos, i sale con un discurso SEMBRADO DE AUTORIDADES, para—

*indagar las causas de la enfermedad*

Ninguno dicta Remedios.

El pobre REJIMEN entretanto, se estira, se encoje, se revuelca en la cama, quiere incorporarse, se desmaya...

6

Los Franceses *[que no pecan de pacientes]* se enfadan i preguntan

Los Franceses *[que no pecan de pacientes]* se enfadan i
preguntan

" Señores ",
" Se cura ? . . . . . o . . . . . se Deshaucia ?
- " Se hace algo . . . o . . . . se deja obrar a la Naturaleza ?

*Vuelven los Doctores a sus discursos .*

Entónces , los Franceses , sin mas preguntar —
Envuelven su enfermo en OTROS TRAPOS ,
le ponen——————— OTRO NOMBRE ,
lo sientan
despiden a los padres de San Juan de Dios *
i lo ponen al cuidado de las Hermanas de la Caridad **
Vecinas Honradas , que no son capaces de
desamparar al Paciente , un instante ,, no sea que
*vuelvan los Padres* i las echen a pasear
Hace 12 años que los Franceses estan observando el sem-
blante de su enfermo — tomándole el pulso — tocándole la
lengua — i haciéndole preguntitas sueltas , a ver qué tal le va.

Las nuevas Naciones de América quisieran imitar a la Francia; pero les falta lo principal, que es el Sujeto .... les falta
el Enfermo.

Sabiendo que los Franceses procediéron por RECETA tomada
de los Ingleses *[que pusiéron al suyo en cura, con tiempo , i ahora
está vendiendo salud]*. Van a verlo : i porque lo hallan *solo*,
paseándose en Palacio — sin Médicos, sin Motilones, sin Beatas,, i llevando una vida arreglada == piensan que es por virtud *propia*; pero, observan que es porque tiene un *Ministerio* que vale ... un PROTOMEDICATO ! i que sus *Motilones* i
sus *Beatas* estan en DOS PARLAMENTOS ! compuestos de Sábios!...
de Ricos !... de Poderosos !...

Se desengañan i se vuelven :
*tienen razon* —
Aquello es para visto , i .... nada mas.

---

* Duques , Condes , Barones , i Marqueses
** Los Burjeses de la Clase Media.

El LUGAR proteje el SISTEMA en Inglaterra;
fuera de allí, se disolvia.

La Inglaterra es un BARCO VARADO en las costas de Europa, despues de largas borrascas: allí capituló el Capitan con
sus Oficiales,, i El i Ellos... con la Tripulacion: viven bien
porque estan A BORDO. Si un volcan submarino pusiera, *en
seco*, el Canal de la Mancha, sucederia lo que en el *mar
rojo* ; pero.. a la inversa = cada Monarca del continente seria un Faraon que, a pié enjuto, pasaria con su ejército,
a sacar al Rei de cautiverio — al ruido solo, de los tam-
bores, volaba! la Constitucion.

Esto lo negarán [tal vez burlándose] los que crean en
la virtud de los Sistemas fundados en la asociacion de intereses opuestos — los que crean que la larga duracion de las Cosas, en un *estado violento*, es prueba de ESTABILIDAD — los
que tienen aprontada la..

### INSTABILIDAD DE LAS OBRAS DEL HOMBRE

para disculpar al arquitecto, cuando ven *por tierra* un Edificio, que desde sus Cimientos estuvo *fuera de la Vertical*.

La Natureleza no se desmiente en sus obras: los hombres son sus Ajentes; i si les permite errar, es paraque
la Experiencia los *corrija* = la prueba es *que se corrijen*...
veamos las reformas: nunca se retrocede en ellas, al punto
donde se emprendiéron; pero no llamemos *reformas* los esfuerzos inútiles que hacemos, por reponer las Cosas, en el estado violento en que las pusiéron otros, *por error*, a luchar con
la naturaleza. Esas Reformas son *rodeos*, para volver al punto donde debemos desengañarnos... SI PENSAMOS! porque
*pensar* para ACERTAR, es propiedad tan natural en el hombre,
como *engañarse* para ERRAR.

Hai una Verdad
que las Luces del Siglo van descubriendo
pero,

el mundo *moral*, tiene sus asperidades como el.. *físico*: la
Luz, en su progreso, alumbra primero las Cimas que las Si-
mas: en estas, quedan, por algun tiempo, SOMBRAS.
Cuanto mas vieja es la *opinion* que proteje un error, mas re-
siste a la evidencia que *la* condena — el amor propio halla siempre razones para *justificarla*,, i la mejor es que *el hombre
no es infalible* = esta máxima es el sosten de los errores vul-

gares. El hombre sensato, confesando sus yerros, pone su amor propio en saber conocerlos i en ser capaz de enmendarlos: a este amor propio NOBLE se deben las reformas—
su distintivo es
*un ardiente deseo de* ACERTAR,
el del amor propio vulgar es
*una pueril manía de* PREVALECER.

Las instituciones Sociales no se sostienen por las *tramas i artimañas*,, que hasta ahora se estan llamando POLITICA; sino por el conocimiento *jeneral* de sus fundamentos i de su estructura, i por el convencimiento... *jeneral tambien*... de su, utilidad.

no arguye *conocimiento*
ni es prueba de *convencimiento*
el estar persuadido de que —

es una ventaja $\left\{\begin{array}{l} \text{el } ser\ esclavo, \text{para no servir en la milicia} \\ \text{el } no\ tener\ voluntad, \text{para no responder de sus acciones} \\ \text{el } ser\ despreciado, \text{para despreciar} \end{array}\right.$
*(por ejemplo)*

Estas máximas se inculcan, desde muí temprano, en las masas, como haciendo una especie de almácigo, para cultivarlas despues, por clases i por jéneros. Con el mayor número se abulta la opinion favorable al SISTEMA,, i, en el menor, tiene un *cuerpo de atrevidos* para defenderlo.

Salir bien lo que se hace
nó porque *lo entienda* el que lo hace
sino porque el que lo mandó hacer *lo entiende*
es el caso en que estan *los mas de los obreros*,, en toda especie de *oficio*, i *los mas de los operarios* en toda especie de *profesion*.
Se engrien con los Elojios que se hacen de las Obras, i llegan hasta apropiarse el mérito de los maestros i el de los autores ==

"— Eso se hace $\left\{\begin{array}{l} \text{en mi Casa} \\ \text{en mi Taller} \\ \text{en mi Pais} \end{array}\right\}$ (dicen)

"— I.. ¿por qué se hace así?
"— No sé; pero lo que aseguro es, que en ninguna otra parte se hace *tán bien* ni *tán bueno*."

Así van muchos hombres, hasta hacerse valer por el ter-
ruño

*" No hai Patatas como las de mi tierra"*

Hace tiempo que se disputa sobre Libertad, Igualdad,
Derechos &c. i despues de largos rodeos, se ha venido a
quedar en que, no siendo los hombres iguales en APTITUDES
no pueden serlo *políticamente* — que lo único que PUEDE,
hacer la Sociedad, en favor de los que *quieran hacerse ap-*
*tos*, es, poner a la disposicion *de todos* la Instruccion =
tómela el que quiera, o no la tome .
Esto es dar, a las aptitudes *adquiridas* preferencia
Sobre las . *naturales*
Concédase que así deba ser
— ¿Cuáles son las APTITUDES ?
— La determinacion no es fácil.
Dense por determinadas
— ¿Con qué estudio se adquieren ? i donde ?
— Para todo hai Escuelas en Europa, i
para muchas cosas . en América ;
en ninguna parte se oye hablar de ESCUELA SOCIAL.
Es regular que la Clase Gobernadora tenga Escuelas Pri-
vadas — la otra debe conformarse con el destino que la *Pro-*
*videncia* le da, al nacer = el cual, en buen Francés, In-
glés o Castellano no es otro que —

trabajar CORPORALMENTE $\begin{cases} \text{en lugar} \\ \text{a favor} \\ \text{o} \\ \text{por cuenta} \end{cases}$ de los que

la misma *Providencia* [Sábia en todo] creó para
gobernar el mundo ... HABLANDO .
Es verdad que, los Derechos de Hombre, en cuanto a rejir
la Sociedad, no son los de su *persona*, sido los de sus AP-
TITUDES ; pero.. NATURALES,, que consisten en sus FA-
CULTADES.. MENTALES .

la SOCIEDAD,
para aprovechar de estas facultades, debe,
no solo poner a la disposicion de todos la Instruccion,
sino dar medios de adquirirla,
.. tiempo para adquirirla,
i *obligar* a adquirirla .

Hai un modo de proceder, en esto, que facilita las operaciones i asegura el resultado.

*Se propondrá en el lugar que corresponde.*

## ESTADOS UNIDOS.

Los consideramos como el País Clásico de la Libertad: nos parece que podemos adoptar sus Instituciones, solo porque son *Liberales* == lo son en efecto; pero...
el Suelo?.. su Extension?.. sus Divisiones?.. su Situacion?..
los Hombres?.. sus Ideas?.. sus Costumbres?..
las Razas?..las Clases?..las Creencias?..
las Necesidades?..la Industria?..la Riqueza?..
donde están?
Digamos lo que de la Inglaterra—Aquello es para visto i..
nada mas.

El que visita los Estados Unidos, cree hallarse en Inglaterra, en tiempo de una Feria, a que han concurrido todas las Naciones Europeas. Cada una conserva su carácter; pero el dominante es el Inglés.

Los Hijos de los Españoles, se parecen muí poco a sus Padres: la Lengua, los Tribunales i los Templos engañan al viajero: no es España; aunque se hable Español — aunque las Leyes i la Creencia relijiosa, sean las mismas que trajo la Conquista. La única analojía que hai, entre las dos Américas, es
la NOBLE idea, que ámbas tienen,
de la *utilidad* de la ESCLAVITUD.
Los Angloamericanos han dejado, en su nuevo edificio, un trozo del viejo — sin duda para contrastar — sin duda para presentar la rareza de
un HOMBRE
mostrando con una mano, a los REYES
el gorro de la LIBERTAD,
i con la otra,
levantando un GARROTE sobre un NEGRO,
que tiene arrodillado a sus pies.

Los Ingleses gustan mucho de antiguedades — a veces imitan *ruinas*, por adorno — sus jardines tienen siempre algo de *rústico* — bosquetes, cascadas, rocas cubiertas de musgos, grutas?..

Un tronco viejo, cariado, torcido, cavernoso, con uno que otro vástago, arrastrándose en un pantano artificial .. es pieza del jardin del Soberano o de un Lord, por lo ménos. Es tal la miseria del hombre que hasta la perfeccion de su industria le fastidia — aburridos de la esplendidez de su mesas, muchos ricos del Continente, van al campo a comer, en la choza de un campesino, una mala cazuela, por variar — i [de camino] por humillar a aquella pobre jente con su fausto — con sus finjidas atenciones, con sus burlas — con las impertinencias de sus Señoritos — i con la insolencia de sus lacayos.

Aun conviniendo los hijos de los Españoles con los de los Ingleses, en la *Idea madre* de ser necesarios los Esclavos para cultivar la tierra, i en las *Ideas hijas* sobre cuáles deben ser los medios de animar al trabajo, todavía difieren en algo. Los Angloamericanos tienen a sus Esclavos *a distancia* — los Suramericanos se *rozan* con ellos, i con Ellas... se casan.

Donde irémos a buscar modelos?...

— La América Española es *orijinal* = ORIJINALES han de ser sus Instituciones i su Gobierno — i ORIJINALES los medios de fundar uno i otro.

o Inventamos o Erramos.

COMERCIO, COLONIAS I CULTOS
no son medios de destruir errores, sino de confirmar los que hai, i de añadir otros. *Errar* se toma aquí, por todo lo que significa ERRAR =

que es { no dar con el punto o con el fin
no tener lugar fijo
desviarse
vagar
falso concepto

COMERCIO. Todos los que compran i venden son Comerciantes; pero los Gobiernos deben considerar el Comercio de otro modo que el Mercader.

El Mercader observa las necesidades, i para satisfacerlas calcula sus ganancias.

El Gobierno considera las conveniencias económicas, morales i políticas del Comercio, para no exponer los intereses del productor, del consumidor i del propagador mismo.

COLONIAS. Todos los que cultivan la tierra son Colonos porque cultivan [aunque esta palabra se toma por los nuevamente establecidos]; pero los Gobiernos deben considerar la Agricultura, de otro modo que el Labrador.

El Labrador busca su conveniencia en la tierra.

El Gobierno considera los productos de la Industria, el número de Agricultores, i sobre todo, su condicion. Sin estas consideraciones, la Colonizacion puede ser perjudicial al país i a los que se establezcan en él.

CULTOS. Todos los que hacen sectas o las encabezan son *Sectarios*, i los que las siguen.. *Secuaces*; pero los Gobiernos deben considerar que la pluralidad de Cultos no es admisible en todos *lugares*, en todos *tiempos* ni en todas *circunstancias*.

CIVILIZACION como INSTRUCCION, son dos Universalidades que nada dicen, si no se determinan.

Habrá Civilizacion { mercantil, Colonial, Relijiosa, } esto es,

Se entenderá la jente bien en asuntos { de comercio, de comunidad, de conciencia.

i cada { Gremio, Corporacion o Secta } tirará, por su lado, para sí;

sin conultar el INTERES JENERAL, que es el que constituye la *Civilizacion Social* == única. mira de los Gobiernos Liberales —

Esto tiene múcho que estudiar

No basta { tener caudal en jiro, ser agricultor o teólogo } aun sabiendo cuanto hai qué saber en estas materias

para ser *buen Ciudadano*,,

que tambien es derivado de *Ciudad*, como lo es *civilizacion*: porque se supone, que, en CIUDAD, aprenden los hombres a vivir en buena intelijencia.

*Pais Civilizado* no quiere decir

pais donde se malbarata el producto de la Industria ajena, pidiendo . . . un sentido! por los primeros efectos que llegan, i llamando HUESOS los últimos. Los fabricantes Europeos no pagan sus obreros con HUESOS.

No es *País Civilizado* tampoco el que recibe, sin exámen, a cuantos llegan a sus Puertos, a darse *en prenda* por el pasaje, sin saber dónde los llevará la suerte a servir.

Tampoco es *País Civilizado* aquel donde se cruzan los Ministros de varios Cultos, saludándose con el mismo *afecto i ternura*, con que se saludan los litigantes que se encuentran en las puertas del Tribunal.

Si debe llamarse *Civilizado* el país donde cada uno hace lo que quiere, con tal que los habitantes crean que así se llama el *desórden*, dígase —
que hai civilizacion en las Ferias,
que la habia —— en las Behetrías,
i que la hubo —— en Babel

El COMERCIO $\begin{cases} \text{Importa} \\ \text{i} \\ \text{Exporta} \end{cases}$ $\begin{cases} \text{los Barcos . . Cosas, i} \\ \text{los Comerciantes Opiniones} \end{cases}$

Llegará la Salida de cosas, a equilibrarse con la Entrada,, si el pedimento proteje la industria rural; pero el comercio de opiniones será siempre pasivo. ¿Qué opiniones llevarán los Comerciantes de América a Europa, en retorno de las que traen?

Atestarán los cerebros de Ideas — unas de dificil expendio, como las de Cultos,, i otras de que está abarrotado el casco, hace tiempo. ¡ Traer Ideas Coloniales a las Colonias !... es un Extraño antojo.
— ¿ Estamos tratando de *quemar* las que tenemos ? — ¿ i nos vienen a ofrecer otras ? — ¿ creyendo que porque estan *adobadas* a la moda, no las hemos de reconocer ? ? — ¿Estamos tratando de *sosegarnos*, para entendernos en nuestros negocios domésticos ? — ¿ i vienen a proponernos *cargamentos de Rubios* . . . en lugar de los de *negros* que nos traian ántes ? — ¿ para alborotarnos la conciencia, i hacernos pelear por *dimes i diretes*, sacados de la Biblia ? ? . . . .
qué COMERCIO ! — válganos Dios.

7

COLONIZACION. Que se descarguen barcadas $\begin{cases} \text{de Pulperos ,} \\ \text{de mandaderos ,} \\ \text{de mozos de cordel} \\ \text{i de otros oficios} \end{cases}$

en que brillan $\begin{cases} \text{la } \textit{Educacion !} \\ \text{i} \\ \text{el } \textit{Injenio !} \text{,} \end{cases}$

para enseñarnos $\begin{cases} \text{a regatear ,} \\ \text{a correr ,} \\ \text{a pujar ,} \\ \text{a renegar en varias lenguas} \\ \text{i a emborracharnos a la Europea .} \end{cases}$

no deja de contribuir en algo , a la propagacion de las LUCES .

Con este socorro se ha conseguido ya —

Lo 1.º dar al agua el olor de aguardiente

Lo 2.ᵈᵒ aumentar el consumo de palo de Campeche , vinagrillo i melaza ,, para hacer vino de Burdeos abocado — i vi- NAZAS de Jerez , de Oporto , de Carlon i otras , desco- nocidas en el comercio mazorral de los Catalanes.

Lo 3.º aprender a hacer *Vino Doncel* , con vinagre i albayalde

Lo 4.ᵗᵒ sostituir el frijol tostado , la cevada , el trigo y el pan quemados , al café

Lo 5.ᵗᵒ aumentar la masa de azúcar en polvo , con sal o con arena fina , segun el precio corriente .

En fin: la Albaceria se ha hecho un arte , con los conocimien- tos que se difunden en los Zaguanes i en las Esquinas, ántes ocupadas por Españoles rancios , campesinos ciuda- danizados i negros bozales .

Los *Puestos* antiguos , que despues se llamáron TIENDAS, des- pues ALMACENES , i que ahora se llaman ESTABLECI- MIENTOS van , por *derecho de aluvion*, ganando terreno a las antiguas *boticas* , que despues se llamáron FARMACIAS i que ahora se llaman LABORATORIOS. En estas *tiendas mestizas* [como decian nuestros abuelos] u *Omnibus* [como debemos decir nostros] se venden Cosméticos para mudar la piel — polvos para descubrir la raíz de los dientes sin dolor — aceite criollo en botellas Italianas — tinta en botellas opa- cas , a medio llenar , paraque el comprador las haga sonar ,

como cuando compra nueces — i frasquitos de Panquima-
gogo para desacreditar a Le roi .

En breve se verán paquetitos dorados , con las armas
de la corona , CONTENIENDO greda preparada. *por un nuevo proceder* , para los muchachos acostumbrados a *comer tierra* .

Ya nuestros Sastres se ocupan en echar parches i re-
miendos , i nuestras Costureras en pedir limosna ,, porque nadie
manda hacer vestidos ni camisas — cada dia llega una re-
mesa de ropa hecha , i hasta de gorras para los Indios .

No faltarán (tal vez) especuladores que piensen en establecer , en Lóndres o en Paris , fábricas de Chicharrones , ta-
males i maiz cocido , para desbancar el comercio de las ne-
gras .

I si ven [como es de esperar] que los Gobiernos Republicanos toman la Sabia Providencia de arcabucear ladrones,
para *depurar* la Sociedad = por seguro que el comercio piensa en traer surtidos de dogales , con sus correspondientes
cajetitas de sebo de olor, i modo de usarlo, para todo grado de desesperacion .

El pobre Castellano, al Cabo de 3 siglos i medio de
guerra abierta, con los Indios i con los Negros (en la que
ha padecido ... lo que Dios sabe) ve llegar, de mar afue-
ra, un refuerzo de enemigos que inundan el pais i le toman
las mejores posiciones .

En los Escritorios han prohibido *despachar el correo*
paraque se *expida la mala*
en los libros no ha de haber *obligaciones por cobrar*
sino *Billetes a recibir*
i se ha mandado que en ningun caso se *dén cuentas*
sino que *se rindan*
En las Escuelas se ha prohibido decir que se *dan* premios
se ha de decir que se *acuerdan*
i nó a los niños mas *aprovechados*
sino a los mas *avanzados*
Por órden del dia, se han mandado despedir, de los Cuer-
pos del Ejército , a todos los Médicos i Practicantes
para reemplazarlos con *Físicos i Oficiales de Salud*.
Que los oficiales no se pongan *al frente* de sus Soldados
sino *a la Cabeza,*
i que, en lo sucesivo, no salgan de *medio uniforme*
sino de *Peti*

Se han mandado cerrar todas las *fondas*
para abrir *hoteles*
i que no se venda *Carne frita*
ni *estofado*
sino *bisteses*
i *bofe a la moda*
Que. cuando los muchachos vayan a la pulpería
no pregunten *po er Gayego*
sino *po ño Bachicha*
i que no pidan *queso*
sino *formayo*
&c.

No se pasa mes sin que se vean salir *familias enteras* de palabras, bajo partida de rejistro, para España: i se dice, que la Academia les hace hacer Cuarentena, desde un dia en que, estando el verbo DOLER quejándose de las persecuciones que habia sufrido en el Sur, se le escapó decir DOLDRA. Dicen tambien que *recien* i *bueno* estuviéron presos porque, al desembarcar —

dijo el uno que habia llegado *recien*
i el otro que habia tenido un tiempo *¡qué bueno!*
" Para otra vez, (les dijéron al soltarlos) vean ustedes dónde se ponen— sobre todo U. señor RECIEN ."

Con el mayor descaro se habla ya, en nuestras tertulias, de la llegada de una Colonia de Maestros, con un cargamento de *Catecismitos* sacados de la Enciclopedia por una sociedad de *jentes de letras* en Francia, i por *hombres aprendidos* en Inglaterra. El fin es, no solo desterrar el Castellano, sino quitar a los niños hasta las ganas de preguntar por qué piden pan. Todo ha de ser *puro*

matemáticas *puras*
gramática *pura*
mitolojía *pura*
i todo JÍA i FIA .. sea el que fuere .. *puro*: -
porque está demostrado que eso de andar *materializando* las cosas, es cortar el VUELO! al espíritu.
Entretanto, los niños van olvidando lo poco que dicen en su lengua: desde muí tiernos los ponen en *Colejios* [porque ya no se dice *Escuelas*] donde no se les permite hablar sino Inglés, i Francés, i una que otra palabrita en

CAJTEYANO, paraque se entiendan con sus madres los domingos. Las buenas Señoras se bañan en agua rosada, cuando los oyen hablar *serrao* i decir a cada instante
*jarirú, yesar, coman bú porté bú i ui mosiú*

---

Si se ha conseguido ya tánto! con el poco Comercio que tenemos, i con los pocos Colonos que nos han llegado...¿ que será cuando se realice el gran proyecto! que se está sujiriendo a los Reyes de Europa, especialmente a los que *reinen* en Francia... (a los que REINEN,, porque el proyecto es vasto i largo). La Imajinacion alborotada, ha hecho un
TORBELLINO DE PROYECTOS !

Comercio $\left\{\begin{array}{c} \text{de Colonos} \\ \text{i} \\ \text{Cultos} \end{array}\right\}$ Culto $\left\{\begin{array}{c} \text{a las Colonias} \\ \text{i} \\ \text{al Comercio} \end{array}\right\}$ Colonias $\left\{\begin{array}{c} \text{mercantes} \\ \text{i} \\ \text{catequisantes} \end{array}\right.$

he aquí el fondo del proyecto

Las Grandes Naciones (se dice) no pueden subsistir sin Colonias .
La Conquista es un medio violento, que la humanidad reprueba.. es verdad—no obstante,
si es menester usar de alguna violencia, no se deberá omitir una que otra guerrita, por el bien de la humanidad misma.

Establézcanse primero 2 *propagandas* $\left\{\begin{array}{c} \text{una de fide} \\ \text{i} \\ \text{otra de scientiæ} \end{array}\right.$
donde se formen Misioneros de ámbas especies

Habrá cuantiosos capitales afectos a su Sosten, i una Escuadra, costeada por el Erario, para llevar a todas partes, Predicadores i Maestros,
de modo que
no quede, en toda la redondez del Globo, un solo SEGLAR enseñando .
Se empezará por los países *Bárbaros* i *Semibárbaros* [es regular que entre estos estemos nosotros, i que nuestros *Clérigos desciendan a Catecúmenos*]

¡ Qué civilizado no debe ser
el hombre que abriga estas Ideas !..

A los principios ¡ qué Primores de Castellano en los Púlpitos !..
i ¡ qué Jinebra en los Confesonarios !
Las mujeres confesándose en Francés !
i los Misioneros absolviendó pecadós en Castellanó !

Para animar al Rei de Francia a protejer la empresa, se le
hace ver que, sin ella, no está, seguro en el Trono.
Para interesar a la clase reinante, se le dice que, si no
coopera, pierde su Influencia Política.
A la Infima Clase se amenaza con un descenso de *tantos
puntos* del cartabon en que se mide su *Estatura Política*,
que vendrá a ser, como en el termómetro, a *tantos grados*
debajo de CERO.
El fin es que *todos* propendan a propagar el *Comercio*, el
COMERCIO !.. el COMERCIO ! (gritan) i ya les parece ver,
con esta sola palabra, alborotados los pueblos como se albo-
rotan los avisperos — haciendo en cada ensenada un Astille-
ro — saliendo sin saber a donde van — cruzándose los barcos
en los mares, i saludándose los Capitanes como en las calles
de los puertos ...

Qué hermosura !
[*Exclama enternecido un Orador de la Empresa*]

Cuando se vea la Ilustracion ! la Virtud ! las Buenas Costumbres ! la Moral ! la Filosofia ! la Civilizacion ! i ... ¿ quien
sabe qué mas ? porque le faltan las palabras.
i sigue discurriendo

Esos CAMPOS ! cubiertos de *honrados* y HUMILDES Labra-
dores, encorvados, cobrando al suelo el tributo de los su-
dores con que lo riegan.
Esos montones de frutos ! dones preciosos de la PROVIDENCIA,
que van a esparcirse en los *Poblados*
POBLADOS ! donde la infatigable
industria del hombre [CIVILIZADO] hará crujir los *talleres*
TALLERES !
donde el *laborioso* fabricante, ayudado por VIRTUOSOS obreros, devuelve al seno del Comercio, las primeras materias.

que le confió ; no ya en un estado informe , sino convertidos en
útiles *artefactos*

ARTEFACTOS ! que adornando la suntuosa morada del
rico, i cubriendo la desnudez del PROLETARIO , establezcan un perpétuo equilibrio entre las fuerzas productoras i
consumidoras, hasta los últimos rincones del *Globo*

GLOCO ! que ex-
halando, por cada poro, torrentes de *prosperidad, virtud* i
*civilizacion!* llegue un dia a verse cubierto de *Almacenes*

ALMACENES !..
[aquí pierde aliento el orador....

El deseo es *bueno*, i la intencion MEJOR, falta solo que...
*los Reyes se vuelvan locos.*

## COLONOS

Para ahorrar preámbulos i tiempo, figurémonos estar en las
playas , viendo desembarcar Colonos (i haciéndonos a un lado , ántes que nos hagan apartar por los marineros)
No se presentarán [por cierto] los Colonos en nuestros puertos, como se presentan en los de los Estados-Unidos . Allá
se quedan, a bordo, hasta que los Capitanes han dispuesto
de ellos, por el pasaje,, i saltan a tierra siguiendo , en silencio, a sus Patrones: acá, sin saludarnos, pasarán los Empresarios preguntando por el HOMBRE, que debe estar allí
para recibirlos ....

—Oiga U. [le dirán] es U. el Gobernador?
—Sí, señor: un servidor de U.
—Bueno : se necesitan alojamientos cómodos
para esta *jente*, i decentes para nosotros —
víveres para tantos dias , cabalgaduras ,
i demas — i despache U. inmediatamente
estas comunicaciones a su Gobierno .
Ya estarán allí los Cónsules respectivos, apretando manos,
dando enhorabuenas, i ofreciendo las mejores casas del puer-
to, a sus recomendados.
Tal vez [i sin tal vez] habrá entre nuestros espectadores,
alguno que, viendo los equipajes en el muelle, ofrezca sus
servicios llamando al primer *pobre* que esté cerca i dicién-
dole

” *Oyes!*
” *toma ese baúl i llévalo donde este Caballero te diga*

Los Empresarios se pasearán con sus Esposas, de bracete, por
2 o 3 calles, i entrarán a descansar en casa de los Señores
Cónsules.

Al siguiente dia, el Gobernador echará el resto en un
convite„ durante el cual, las Señoras se harán guiñadas, i al
salir, se irán burlando de él, de su mujer, de sus hijas, de sus
criadas, i hasta de las cucharas con que comiéron la sopa.

Miéntras se evacuan las primeras dilijencias, se agolpará
la jente al muelle, i no faltarán algunos Españoles de gorro
calado, envueltos en sus capas, que se hagan encontradizos
con los conocidos, i con Sorna les digan—

" Qué bien va, Señor D. Pedro ? "
" Estos no son aquellos Gallegos brutos, hambrientos, que
" venian de la Península a tiranizar a ustedes i a llevarse
"'el dinero : esta es jente que trae ideas *liberales*, trabaja-
" dora, civilizada,—vamos, jente de modales i todo lo de-
" mas ,, para adelantar el país en daca las palas : en breve
" se las tendrán ustedes duras con . . .todo el orbe, si es me-
" nester, en defensa de su Patria, de su Independencia, de
" sus sagrados derechos i de otras yerbas. Vaya en hora
" buena, amigo : que disfruten ustedes de todo eso en gra-
" cia de Dios, hasta que su Divina Majestad disponga otra
" cosa. "

"I U. Señor D. Juan, ¿que dirá U. de estos Agri-
" cultores? Segun noticias, entre ellos hai Didamarqueses,
" Suecos i hasta Lapones, que vienen a enseñar a cultivar
" Camotes, Caña dulce, Algodon, i sobre todo el Cacao !
" que se da tan frondoso en las Riberas del Báltico."

" Godos habian de ser estos diablos [dirá algun jóven]
" les duele el ver que adelantamos : me alegro 'que vean la
" diferencia que hai, entre su tiempo rancio i el nuestro :
" déjalos que rabien."

Viendo el zafarrancho de botes, sacando cajas, colchones i
trapos sueltos, i oyendo las carcajadas de las Colonas, no de-
jará de haber algun Americano, [*Godo a medio limar*] que diga, al que tenga al lado, [*en voz baja*]— " Amigo : *si nuestros*
" *padres eran . . . . estos son: está de Dios que esta tierra ha*
" *de ser . . . . lo que ha sido: nuestros abuelos acabáron con los*
" *Indios — estos acabarán con nosotros —i con los hijos de estos,*

" *los hijos de los que quedan allá = allá en el país clásico de las*
" *Luces ... de la Civilizacion . &c.*

" *Los Reyes estan Capitaneando estas Empresas , por com-*
" *placer a su nueva nobleza [un poco mas atrevida que la an-*
" *tigua] Unos por no dejar la casa de sus Padres, i otros*
" *por sentarse en tronos de Alquiler, entran por todos partidos —*
" *no consultan a sus Filósofos, a esos filántropos que piensan*
" *en el órden Social, nó en Comerciar con la Relijion , para*
" *apoderarse de los hombres, haciendo de la conciencia un Ca-*
" *bestro — no ven que tienen hijos — que sus hijos les darán nietos*
" *—i que, entre ellos, podrá haber algunos, que salgan, de este*
" *mundo, por la ventana de Luis 16, a darles las gracias por*
" *su prevision."*

La introducoion de CULTOS en el Suramérica es intem-
pestiva . ¿ Qué vendrán los Misioneros a enseñar, que nuestros Clérigos no esten ya cansados de saber? Estos han
estudiado, meditado, elejido, adoptado... ¿No saben los
Misioneros que la América Española, está ocupada, hace
tiempo, por Católicos Romanos ? — ¿ i que los Ministros de
este culto cuidan de propagarlo entre los Indios ? Si lo saben i vienen debe ser,, o con el fin de establecer nuevos
cultos, o con el de usurpar destinos en el servicio del altar:
lo uno es introducir la discordia entre los fieles — lo otro es
tratar de ineptos a nuestros sacerdotes : perdonen los señores
Misioneros,, su empresa anuncia algo de terrestre — algo
de Soberanía temporal.

Si el fin es facilitar al comercio, el ejercicio público
de su culto, la empresa es entónces Mercantil—es un medio de atraer el mercado —es una condicion puesta por los
comerciantes a su permanencia en el país.

El comercio no puede hallarse sino en uno de tres estados =

en exceso de oferta ,

en exceso de pedimento ,

ó en equilibrio de uno i otro.

¿ En cuál de estos tres está el Comercio extranjero en América ? —Hasta los Cargadores saben que está en el primero ,,
i ninguno de ellos ignora , a quién toca poner condiciones,
cuando se ofrecen Cosas que no se han *pedido,* aunque se

8

necesiten—No es regular que los Comerciantes ignoren esto. I ¿ será posible que unos hombres que dejan su país, sus conveniencias, sus placeres, i hasta sus mujeres i sus hijos, por salir a buscar la vida,—no puedan privarse, por algun tiempo, de sus *Ceremonias*? [porque la creencia no consiste en ellas] ¿ Quien les impide que hagan privadamente lo que quieran? Los Buzos aguantan resuello miéntras estan zabullidos buscando perlas, i ¿no podrá un Comerciante abstenerse de algunas exterioridades, por ganar dinero? Se encierra en su escritorio, a ajustar sus cuentas de comercio ¿i no podrá encerrarse en su cuarto, a ajustar las de su conciencia?

Perdonen los Señores Comerciantes: su exijencia peca contra la *urbanidad*, i su especulacion contra el *cálculo*. Su exijencia es incivil „ porque un DUEÑO DE CASA, aunque *pobre*, aunque *ignorante*, aunque *incivilizado*, merece atenciones „ sobre todo de quien se da por Rico, por Sabio por Ilustrado—*el honor es de quien lo da, nó de quien lo recibe*. Peca su especulacion contra el cálculo, porque, traer surtidos de dogmas, ritos i liturjias, a dónde no *se usan, vale* tanto como *llevar Rosarios a Berbería.*

tráiganlos de Contrabando,
pásenlos por alto
i encarguen su expendio.... a la MODA
no les faltará quien los compre; aunque no sepan lo que significan ni cómo se usan: i sírvales de gobierno la ocurrencia siguiente:

Estando *cierta* persona en *cierta* parte del mundo,, i oyendo a una Aya de Niñas decir, con mucha frecuencia,
MI COMUNION
i que viniera o nó al caso,
MI COMUNION

le preguntó, un dia, cuál era su COMUNION, i respondió:
*no sabré decir a U. cual es;*
*solo sé que es la misma que profesa mi Señora.*

la ENFERMEDAD DEL SIGLO es

*una sed insaciable de riqueza*, que se declara por 3 especies de delirio

traficomanía
colonomanía
i cultomanía

El *Comercio* se asocia con las *Ciencias*, paraque le cuiden las *Artes*, que son sus fuentes de produccion,, i como estas fuentes no serian perennes, si la clase productora se desmembrase, busca en los Reyes un prestijio que no tiene, para hacerse respetar del Ignorante, i vincular el trabajo material en la pobreza — quiere tener Vasallos, i ocurre a quien sabe manejarlos, paraque se los mantenga sumisos. Un Rei, para estas funciones, no necesita de projenie ni prosapia — su *Cuna* está en la Voluntad de un Congreso, que hace de *Consulado* cuando trata de *asuntos mercantiles*, i de *Consejo de Estado* cuando trata de expediciones exploradoras.

Los *Cultos* como las *Ciencias*, son auxiliares en la Empresa — *ellos*, al exterior, protejiendo la produccion de Materias Primeras,, i *ellas,* al interior, cuidando de la confeccion de productos comerciables.

el plan es GRANDE, i al parecer, BIEN CONCEBIDO:
para la realizacion
se cuenta con la *fuerza*, si la *seduccion* no basta.

Sometamos el proyecto a la Crítica —
el Siglo tiene su *enfermedad*; pero tambien tiene su *Jénio*:
hai *fuerzas* en el Sujeto, i estas consisten en sus LUCES.

ORDEM Y CONVENIENCIA.

La mala intelijencia de estas 2 palabras es la causa de todos nuestros desaciertos; aun cuando, seperados de nuestros semejantes, limitamos nuestras relaciones, a las que debemos establecer con las cosas, que nos alimentan i nos abrigan.

Todo lo que nos agrada, nos parece estar *en el Orden*,, i en todo lo que se presta a nuestros deseos, vemos una *Conveniencia*. — Este sentimiento, hijo del amor propio i de la tendencia al bienestar [o amor de sí mismo] es lo que llamamos EGOISMO—

Yo solo soi ⎫
    i     ⎬ son ideas de Niño :
solo para mí ⎭

el hombre que atraviesa la vida con ellas, muere en la Infancia; aunque haya vivido cien años.

Sin moderar este sentimiento, el hombre no es sociable— los Sentimientos se moderan rectificando las Ideas: i como las Ideas vienen de las Cosas

TRATAR CON LAS COSAS
*es la primera parte de la Educacion*
i TRATAR CON QUIEN LAS TIENE
*es la segunda*

Tómese, de paso, por máxima, segun este principio, que mas aprende un niño, en un rato, labrando un Palito,, que en dias enteros, conversando con un Maestro que le habla de abstracciones superiores a su experiencia.

Sigamos .

Porque nos es natural el creer, que lo que se presta a nuestros deseos nos conviene = creemos tambien, que lo que nos conviene *debe* o *puede* convenir a otro.

El trato con las cosas nos desengaña, en cuanto a ellas; pero nó en cuanto a nuestros semejantes. Nos *parece* que concurren a nuestros goces por *conveniencia* cuando no es sino por COACCION,, i nos alucinamos hasta el punto de no ver, que

de la *Coaccion* nace la ASTUCIA .
que sin Coaccion, la Astucia no existiria,,
porque no tendria objeto :
animal *suelto* no piensa en *soltarse*

Confiese el amor propio [mal que le pese] que — *mas conocemos las propiedades del* PERRO, *que las nuestras* . . . digamos . . . . EN JENERAL . . .

Este *en jeneral*, es como *tabla en naufrajio*, paraque salven en EL su amor propio, los que disponen de la suerte de los Pueblos; pero hagan por agarrarse bien,, no sea que tratando del *Bien Público*, se les escape la tabla i se ahoguen.

No llegarán a ese caso, si tienen presente, en sus deliberaciones, la máxima siguiente

Ordenes para ejecutar lo DIFICIL , se desobedecen con *Pretextos* ,

i  . para ejecutar lo IMPOSIBLE producen $\begin{cases} \text{desprecio} \\ \text{o} \\ \text{desesperacion ,} \end{cases}$

aunque , en algunos casos, lisonjeen con resultados felices, debidos a influencias inobservadas :

> Las *Cosas* no se dejan persuadir
> como se dejan persuadir los *Hombres*

Un Barco, considerado por las miras que se tuviéron en su construccion , es un admirable ! conjunto de *Previsiones* , . . . mejor dicho . . . de actos de *Obediencia* a la voluntad de los elementos — no hai en él una sola cosa que no sea una *Prevencion* , para cumplir con las condiciones que el Agua, los Vientos , las Rocas , la Arena i el Fuego, quieran poner a la conservacion , de navegantes i cargamentos . =

Lo mismo se observa en los Ejércitos i en los Talleres, con las cosas que les son propias .

En Sociedad es al contrario : ORDEN i CONVENIENCIA son *refranes* ,, i CIVILIZACION una especie de *aliño* de todos los Proyectos , de todos los Mensajes , de todos los Elojios y de todas las Providencias .

| | |
|---|---|
| poner órden | por convenido |
| llamar al órden | cuando convenga |
| establecer el órden | no conviene |
| conservar el órden | por conviene |
| estar en el órden | así conviene |
| *órden público* | *conveniencia pública* |

### Estas Expresiones

Se tienen prontas $\begin{cases} \text{unas para Eludir} \\ \text{otras para Exijir .} \\ \text{otras para Emprender} \\ \text{otras para Disculparse} \end{cases}$

Deberian ponerse en un Estuche de 2 hojas , como hacen los cirujanos con sus Instrumentos .

## CONVENIENCIA

Promete el Gobierno algo, i firma .... *por Convenido*
Se lo recuerdan, i lo difiere para ..... *cuando Convenga*
Le instan, i se descarga con ....... *no conviene*
Le requieren, i falta a su palabra ..... *por Conviene*
Se le quejan, i se disculpa con que .... *así Conviene*
Le reclaman perjuicios, i se hace sordo
   por ...................... **CONVENIENCIA PUBLICA**

## ORDEN

Meter a uno en la Cárcel, porque se queja es    *poner Orden*
Imponer silencio ................. es   *llamar al Orden*
Revolver un vecindario ............. es *establecer el Orden*
Se destituye, destierra o mata ........ por *conservar el Orden*
Todo el mal que resulta ............. *está en el Orden*
i el fin que se lleva en todo , ......... .*es el Orden Público*

—¿ *Qué se dice por ahí* [pregunta un Empleado]
—Que todo va mal ... que hai muchos abusos
   mucha miseria , mucho descontento ....
— *Eso* ............. *ya se sabe ; pero* .....
   HAI ORDEN, *que es lo principal*
[i es porque, de miedo, nadie chista]

—¿ Qué dice U. de este Gobierno? [preguntan a un mercader]
   — *Que todo marcha en buen órden* ...
   *la venta no puede ir mejor*

A celebrar la Eleccion, se reunió el vecindario en la casa de un Diputado,, i estaba ya tan ébrio! uno de los concurrentes, que no se movia de un rincon. Los que servian los licores pasaban i no hacian caso de él:

—SEÑORES! SEÑORES! dijo, en voz alta, muchas veces, hasta que obtuvo silencio.
El Diputado, creyendo recojer elojios, se le acercó

—BEBER CON ORDEN] gritó el borracho, i dejó caer
   la cabeza]
No puede ir mas léjos la idea del *buen órden*, en una democracia MONARQUICA.

De todo se han hecho Diccionarios — hasta de *Rimas* : el de
Etimolojías contribuye mucho a fijar significaciones :

el mas importante de todos seria el de la propiedad $\left\{ \begin{array}{l} \text{de } \textit{voces} \\ \text{i} \\ \text{. } \textit{términos} \end{array} \right.$

Los Publicistas deben hacer el Político
             empezando por la C , i por 1.ʳᵃ palabra . .

CONVENIENCIA : subst. fem. tener pueblos ignorantes que
no sepan quien los manda ni por qué — ni lo que se hace con
ellos — í que se junten en las plazas , a gritar Viva *sea quien
fuere*, cuando oigan que los caballeros gritan .

CONVENIENCIA : ajuste, concierto o convenio, entre los vecinos
de un lugar i un Conde o Duque, paraque los haga marqueses o barones , si ellos lo hacen rei

CONVENIENCIA : acomodo que busca uno al lado de otro , que
vale mas que él, para valer él mas que sus iguales .

CONVENIENCIA : ser considerado como *gran negociador*, por
haber ofrecido lo que no era suyo, a quien podia tomarlo sin que
se lo ofrecieran .

CONVENGA O NO CONVENGA MARIDO VENGA : refran que *denota*,
que *enseña* o que *da a entender* que, el que se desvive por
títulos, no repara en lo que cuestan — ni en el *por qué* se
los dan — ni en el caso que han de hacer de él porque los tiene : aunque lo cubran de injurias i maldiciones, no
importa ; con tal que le digan Marqués.

Veamos lo que debe entenderse por

## ORDEN I CONVENIENCIA .

### ORDEN

Estan las cosas *en órden*, cuando estan unas despues de otras
— i si no estan así, estan *inordenadas* :
Si estaban i no estan en órden, estan *desordenadas* :
Estar en un órden *necesario o determinado* es estar *en* EL *órden* :
haber estado i no estar en EL órden, es estar *fuera del órden* :
un Hecho o un Dicho, fuera de *Razon o Regla* es DISPARATE ,
i si no tiene *pies ni cabeza* . . . . . . . . . . . . . es DISPARATON
¡¡ Cuantos de estos no se cometen por imitar a los GRANDES ! ?

El *tiempo* es el *lugar* de la *accion*
i como

la extension del tiempo se compone de cantidades $\begin{cases} \text{sucesivas} \\ \text{contínuas} \end{cases}$

las acciones estan siempre EN ORDEN
porque
no pueden ménos que caer unas *despues de otras*.

Las cosas obran por *sí solas*, cuando no intervenimos en su movimiento, i caen en el tiempo, como la naturaleza quiere. Aun en este caso decimos que —
*Vienen ántes de tiempo*, porque no las esperabamos,,
i .. *fuera de tiempo*, porque las vemos cuando no acostumbran venir.

Las lluvias, por ejemplo, = poco ántes de su Estacion,
o en Estacion que no es la suya.
Para expresar esto brevemente tenemos 2 palabras
EXTEMPORANEO por *ántes de tiempo*
INTEMPESTIVO por *fuera de tiempo*

— ¿ Si esto decimos de las acciones de la naturaleza ?... ¿ qué deberémos decir de las nuestras ?
Nos jactamos de tener una voluntad .. un libre albedrio !
¿ Que disculpa darémos de nuestras LICENCIAS ?

— ¿ obrar $\begin{cases} \text{extemporánea} \\ \text{o} \\ \text{intempestivamente} \end{cases}$ ¿no proborá falta de reflexion?

— ¿ I si hemos tomado a cargo $\begin{cases} \\ \end{cases}$ será perdonable la falta ?
el *Pensar por otros* ..

— ¿ I qué responderémos a nuestros Comitentes ó Representados ? .. ¿sobre todo, cuando el yerro es irremediable ? .. Sí: irremediable (pongámonos en el caso) o pongámonos en el de ver a nuestros hijos *padeciendo*, para rescatar su Independencia, mil veces mas, que lo que hemos padecido o visto padecer — no olvidemos la Revolucion de Francia.

¡ Admira la facilidad con que ... un hombre (o un corro) dispone de un pais entero ! con sus Cerros, sus Rios, sus Arboles i sus Habitantes,, i se queda tan sereno como si hu-

biera dispuesto de un Cortijo !—¡ A este estado de estoli-
dez reduce el hábito de creer, cuanto nos dice el que *dice*
que sabe mas que nosotros

## CONVENIENCIA.

Aunque signifique *venir con* ..
nó expresa la idea de *venir a un mismo tiempo*,
sino la . de venir a propósito.

Venir
a un mismo tiempo ⎱ ——— i ——— convenir

son cosas tan diferentes como

convenir ——— i —— ⎰ estar
⎱ en el órden

Venir
a un mismo tiempo ⎰ —— es ——— coincidir

Venir
a propósito ⎰ —— es ——— conformarse

*estar en el órden*
es
deber ocupar un lugar fijo entre otros .

Esto no necesita de mas explicacion; no obstante, se confunden, aveces, las ideas, i en asuntos de gravedad—dando por autoridad los Refranes
" *no hai mal que por bien no venga*
" *i ... todo es para bien*
de ahí siguen varias máximas, aconsejando conformidad„ a
tiempo en que el mal pide un pronto remedio, o, a lo ménos, que se tomen lentas providencias contra él.
*Es menester* (dicen)
" *que los pueblos hagan Crueles Experiencias, paraque lleguen
a conocer el bien:*
*Es menester*
*que esta jeneracion desaparezca, paraque otra mejor la reem-
place*

9

I al mismo tiempo , se quejan del que hace hacer las crueles experiencias — lo detestan, lo persiguen, lo matan!

¿Cómo se harán las experiencias?

Esperando que la jeneracion desaparezca, le ponen discípulos paraque sigan su ejemplo —

¿Cómo desaparecerá la jeneracion?

¡ Ojalá fueran estas solas las inconsecuencias!

hai otras peores

—" Empiecen [se les dice] a Instruir en la Infancia, paraque la Juventud se Ilustre "

— *Nó: dejemos que las Luces penetren.*

— ¿ Qué Luces, si no las hai?

— *Esa jente debe estar, por largo tiempo, en las tinieblas*

— Por qué?

— PORQUE ASI DEBE SER — PORQUE ESTA EN EL ÓRDEN — PORQUE NO CONVIENE INSTRUIRLA.

— ¿ Podrémos asegurar que , de esa masa de Ignorantes , no se levanten muchos, *por un medio saber?...*

— ¿ I si las circunstancias favorecen a algunos', i los ponen a mandar?.. ¿ no será peligrosa su influencia?

— *Ya eso es mucho suponer*

¿¡ Cuánto no hai qué considerar ántes de pronunciar *órden i conveniencia*, tratándose de la Propiedad , de la Libertad o de la Vida de una persona?!... ¡¿ i cuánto mas, si es la Propiedad, la Libertad o la vida Social la que se versa!?

No es tan dificil ver si las cosas o las acciones estan en su órden, como lo es descubrir el fin con que las acciones concurren — prever los efectos de su concurrencia — i las consecuencias que pueden tener los efectos .

*La suerte futura de las Naciones*, no está confiada al modo de pensar DE UN HOMBRE NI DE MUCHOS, sino al de LOS MAS. El interes Social es un compuesto de muchos intereses .

$$\text{intereses} \begin{cases} \text{económicos} \\ \text{morales} \\ \text{civiles} \\ \text{políticos} \end{cases}$$

Cuando hai qué tratar del Interes Jencral de una **secta**
se llama a Concilio Ecuménico = el Interes **social** pide que
la nación esté en Congreso perenne

sin *Elecciones*,

sin *suplentes*,

sin *recesos*...

en una palabra sin *farsas*

sobre todo sin esa *cómica*, *facultad ordinaria*
de Imponer Silencio.. al **soberano**! para *llamarlo al órden*
echarlo de su Palacio          por *conservar el órden*
cerrarle las puertas i dejarlo en la calle *por conviene*
hasta que habiendo cesado el motivo de *convenienca pública*
que obligó al Ejecutivo a usar del *alto poder*
que la Constitucion Política del Estado *puso en sus manos*

i *confió a su prudencia*

para conservar el *sagrado depósito*

de las *Leyes pátrias*

i mantener, a todo trance, el *órden público*
las garantías, la paz interior i...

quien sabe hasta donde va la *jerigonza*....

Parecerá absurdo el pretender que la mayoría de una
nacion tenga Ideas Sociales; pero será a quien esté acostumbrado a ver a los hombres que componen un pueblo, como
a los árboles que componen un bosque.
A quien crea muí natural [por consiguiente necesario] que
el caudal debe ser la medida de los derechos políticos — que
el mayor número no debe pensar sino en buscarse el pan —
que por el traje i el oficio debe juzgarse del talento,, i que si
el talento llegara a hacerse comun, las personas de familia o
caudal no sabrian qué hacer con el suyo...
En fin, quien vea la Sociedad pintada en un cuadro, cuyo fondo es *crasa ignorancia*, haciendo resaltar un corto número de
SABIOS, rodeados de un reflejo de **medio tinte** — o un teatro
en que aparece una infinidad de Títeres Sucios, ejecutando di-
versidad de movimientos., i unos pocos, mui pulcros, arrella-
nados en sus poltronas, mano sobre mano „ mirando „ o paséan-
dose, de dos en dos, con los brazos colgando
No es absurdo el pretender que los que viven en *Co-*
*munidad* sepan lo que es *comunidad*: no hai Lego por poco
que sepa... que no sea Sabio en la Regla = el Prelado que
mas se parece al Lego, es el mas digno de mandar„ i en

punto a regla, todo Lego ha de poder ser Prelado. Solo la Ignorancia puede perdonar la Contradiccion de *quejarse de los
efectos de la Ignorancia, i querer que haya ignorancia*.

### SENTENCIAS I REFRANES.

Cuando una Verdad llega a obtener el asentimiento de los
Sabios, es SENTENCIA,, porque solo ellos *sienten* bien su importancia — Si comprende otras Verdades, se llama *sentencia
máxima*, ó MAXIMA solamente, por abreviar — Si se cita o
adelanta, en apoyo de una doctrina, es PROVERBIO — Si es
muí conocida es ADAJIO — i cuando se hace vulgar es REFRAN

Sube la verdad de sentencia a proverbio ——i baja de proverbio a refran

proverbio

máxima       adajio

sentencia          refran

La Verdad, en estado de refran, pierde cuanto ganó para
crijirse en sentencia;
porque,
en boca de todos, no puede conservar los pensamientos que
la compusiéron.
Sucede con las sentencias, lo que con la aritmética=
Cualquiera saca una cuenta, porque sabe la fórmula;
pero,
no fué *un cualquiera* el que hizo la fórmula, paraque sa-
liera la cuenta

### " LA OCIOSIDAD ES MADRE DE LOS VICIOS "

es refran muí *Vulgar*, i muí *Viejo*; no obstante,

Tobo ocioso lo cita, i no tiene la ociosidad] por vicio.

### NO HAI OCIOSIDAD MAS PERNICIOSA QUE LA DEL ESPIRITU
[ Ojalá pudiera esta *Sentencia* llegar a hacerse *refran*]

Un hombre que trabaja todo el dia, no puede creer que está
*Ocioso*: pero es *Ignorante*, i no lo conoce = no sabe lo que
dice, i da su voto en todo =yerra, i culpa con todo, ménos
con su ignorancia.

El peor de los votos —
el que ha perdido siempre al mundo —
el que lo´tiene perdido — i
el que lo está echando a perder , para siempre —

ES

*el que se da en cosas que no se entienden , porque se entienden otras* .

sobre todo

cuando el *votante* goza de la reputacion de *sabio* en cualquiera cosa

Compongamos , con estos pensamientos ,
algunas *sentencias* MAXIMAS que se tomen por PROVERBIOS.

en la Educacion Mental , ,

i que , siendo los ADAJIOS de las Escuelas, pasen a ser *refranes*
en el vulgo NUEVO ,
que las luces del siglo se proponen hacer
en el NUEVO mundo .

Serán los únicos refranes , que rueden , de boca en boca ,
sin perder el valor de sentencia

Digamos , pues , a los muchachos ,
[ *cuando esten en estado de entendernos* ] que —

los vicios son HIJOS de la *ociosidad*
i . . . NIETOS de la *Ignorancia*

que el refran
" *la ociosidad es madre de los vicios* "
es el Padre de los refranes —

que

todo argumento en favor de la Ignorancia, pertenece a la familia — i el que lo sostiene es Pariente, en el agrado en que esté su argumento

Afin , Agnado , Colateral o en Línea Recta.

---

### MODO DE PENSAR

La mayor fatalidad del hombre , *en el estado social* , es no tener, con sus semejantes, un *comun sentir* de lo que conviene
a todos.   La EDUCACION SOCIAL remediaria este mal; pero nos
entendemos poco sobre el sentido de la palabra,, i se oponen al
establecimiento de la Educacion dificultades que un poco de reflexion haria desaparecer

*Creemos que el modo de Pensar es Libre*,
i estamos viendo los millones de hombres que componen las
grandes naciones, tan conformes en ciertas ideas, que parecen serles innatas; no obstante, vistas socialmente, les son
perjudiciales o inútiles „ i entre ellos mismos hai múchos que
lo conocen. Sirva de ejemplo la idea de la *Preponderancia*
entre las perjudiciales — i la del *Jurado* entre las inútiles.
[*Calificar de inútil* ESTA, *debe parecer* BLASFEMIA. *Suspén-
dase el juicio miéntras se reflexiona*].

     El modo de pensar se forma
del modo de SENTIR
  el de *sentir* del de PERCIBIR
      i el de *percibir* , de las Impresiones que
           hacen las cosas, , modifica-
           das por las Ideas que nos
           dan . de ellas los que NOS
           ENSEÑAN.

   ( calidades
Las  { propiedades i } de cosas i acciones son las mismas; pero
   ( relaciones  ) el hombre, perspicaz i sensible , apren-
          de solo [si las ocasiones lo favorecen] i
          los demas necesitan siempre de maes-
          tro .
*Si no quieres ser jente* [decia un Caballero a uno de sus hijos,
         que no queria ser abogado]
*te haré aprender un oficio.*
  ¿ Qué idea se formaria de los oficios, el Jóven ?

La lectura del *Eusebio* hizo hacer muchos Canastos i muchos
Chalecos a los Jóvenes , i a las Niñas muchos zapatos.
*Mi Juanito no se morirá de hambre* [decia una Señora]
*si llega a verse en la miseria.*

Es regular que Juanito creyera que el último recurso del
hombre, es ocuparse en cosas materiales.

# CONCLUSION

De discurso en discurso, hemos venido subiendo al punto de vista, en que debemos considerar la cuestion social, que el siglo somete a la decision de los Americanos.

La variedad de hechos, reflexiones, i principios contenidos en este Preliminar, hasta aquí, presenta materia bastante, para ayudar a fijar la atencion en lo que falta.

<table>
<tr><td>

Veamos
a los europeos,
inventando medios
de reparar un edificio
viejo, por no tener
donde hacer uno nuevo.

</td><td>

Veamos
a los americanos,
en un país vacío,
perplejos, o imitando
sin necesidad, lo que
hacen los Europeos.

</td></tr>
</table>

Ambos perdiendo el tiempo
en hacer, con palabras
compuestas, nuevas com-
posiciones, para nombrar
las mismas cosas

<table>
<tr><td>

en EUROPA
monarquía constitucional
o
Constitucion monárquica
Democracia monárquica
o
Monarquía democrática

</td><td>

en AMERICA
consados de la
República aristocrática
o
Aristocracia republicana

quieren { República Real
o
Real República

</td></tr>
</table>

Por otra parte
los Comerciantes, los Proyectistas i los Clérigos

Componiendo { Traficracias
Colocracias i
Culticracias } para erijirlas en { Trafagarquías
Colonarquías i
Cultarquías

al cabo, todo viene a ser
forte–piano
ó
piano–forte,,

i no es poco parecida la historia de este instrumento a la historia del Gobierno.

El CLAVE era muí ruidoso „ porque heria las cuerdas con *plumas* : para apagar el sonido, se pensó en poner *tiras de paño* a las cuerdas, pero dejando las *plumas* „ i el CLAVE se llamó MONACORDIO — despues se pensó en sostituir *martinetes* a las plumas, i hacer por medio de rejistros, fuertes o suaves los sonidos = entónces el CLAVE se llamó forte-piano o pianoforte , en honor de la lengua Italiana , que está en posesion de la *Música* — Despues viendo que para tocar FORTE, no es menester estudiar „ porque cuanto ménos entienda de música el Músico, mas FORTE toca „ conviniéron en llamar el instrumento PIANO solamente, i entenderse con la jente del arte, sabiendo que, para sacar sonidos suaves, es menester tener *oido i buen gusto* — Así estuvo el Piano, por muchos años, siendo el primer mueble en los Salones i las delicias del Estrado — en todas partes se construian, *mejorando las formas* „ i llegó a extenderse tánto el uso, que hubo [entre otras] una *Compañia de fabricantes* en Lóndres i en París, bajo el nombre de Erard.

¡¡Se creerá que en medio de tan quieta y pacífica posesion, hubo quien pretendiese restablecer el CLAVE!? Así fué, pues. Un fabricante apurado que *no sabia arreglar sus negocios*, intentó echar abajo al PIANO, con un gran Cajon trapezóide *mixtilineo*, a imitacion del CLAVE antiguo [él solo ocupaba el lugar de tres Pianos, i algo mas] pero no se atrevió el fabricante a ponerle plumas „ esperando, sin duda que el Cajon las pidiera ; porque *Clave perfecto* pide PLUMAS . — Al verlo, en su Sala, una Señora anciana, se dirijió a sus hijas con el discurso siguiente.

„ Este sí que es CLAVE — aunque le faltan las *lenguetas*,
„ ya vendrán : — es el instrumento de nuestros padres „ el que
„ todos conocen; i nó ese de moda, que ni es *espineta* ni es
„ *clave* : en el de mi tiempo aprendí yo — aquel clave se oía
„ de todas las distancias, i aun junto al campanario durante
„ los repiques. — Dejémonos de invenciones „ que al cabo, i por
„ mas que se diga, al clave volverémos, por mil razones =
„ 　　Si se echa a perder, cualquiera lo compone
„ 　　Si se destiempla, fácil es hallar la clavija
„ 　　Tiene *buenas voces*
„ 　　Cualquiera se las saca, *si aprieta bien la mano*
„ 　　En un baile, si el clavista es bueno, *no se oyen los pies*

„ En fin, *miéntras yo viva*, en casa no habrá Piano sino
„ Clave — *i el que no esté contento, que se vaya*.
„ Eso he dicho yo siempre, mi Señora, i a esta niña se
„ lo he estado diciendo [aprobacion de un jóven que está
„ *negociando casamiento con la hija*.]

„ I U., Señor, qué dice?
(pregunta la Señora a otro jóven que está allí de visita, porque
    ya tomó Estado)

„ Yo, mi Señora, no soi del parecer del Señor ni del de U.:
„ el Clave no vuelve: el gusto por el Piano es decidido: el *estilo*
„ *del Piano* está unido con el *estilo músico* del dia: si porque
„ el piano se destiempla, o porque el que lo toca no es mú-
„ sico, se ocurre al *clave* = el remedio es peor que el mal „
„ porque enseñando *música* habrá musicos i los músicos sa-
„ brán templar. Ni Cimarrosa ni Paesielo ni ... Rossini se
„ harían oir con gusto en el clave: *el proyecto de emplumar*
„ *martinetes*, no tendrá el suceso que se espera.

„ Se harán { Clavicímbalos } que serán claves con azúcar, pára
            { Claviórganos } hacerlos pasar sin repuguan-
            { Clavicordios } cia; pero *clave solo*, no pasa.
                                    con todo,
                            podemos asegurar, segun el
                            estado actual de la música
„ que { ni con címbalos } lo tragan
     { ni con órganos }
     { ni con cordios }
„         Se acabó el Clave, mi Señora.
„     el que lo toque en sala, espere que lo silben
„     i si lo toca en plaza, lo APEDREAN

*El que no vea la historia del Gobierno en la del Piano,
será porque no conoce el Piano — o porque no conoce el Gobierno — o porque.. ni uno ni otro. Obsérvense las palabras
notadas con diferente letra, i háganse aplicaciones = las mas
estan hechas.*
        Los Nombres no hacen las Cosas;
            pero las distinguen:
    lo mismo son las Acciones con las Ideas.

                                        10

Echan a los Reyes por Malos, i los llaman por Buenos.
Siempre serán Monarquistas las Naciones que no *pueden* o
*no saben* gobernarse sin Reyes =
las - Europeas estan en el primer caso
las Americanas . en el segundo
    Las unas deben componer su Clave
    Las otras deben templar bien su Piano

---

Erudicion i Habilidades
Profesiones i Oficios, en tumulto,
Herencias, Privilejios i Usurpaciones =
*es la divisa de las Monarquías*

*la de las Repúblicas debe ser*
Educacion *Popular*
Destinacion a Ejercicios *útiles*
aspiracion *fundada* a la propiedad

Si es quimérica *esta*, desprécienla como tal i digan
la MONARQUIA
es el Gobierno natural de...
la IGNORANCIA
el mas lejítimo, el mas sencillo, el mas durable que se conoce;
Pero,
No podemos volver a él, porque las Luces del siglo no lo
consienten.
Perderémos el tiempo en tentativas inútiles,

i qué harémos?
ERRAR I PADECER
hasta que haya quien conozca
QUE LA NECESIDAD no consulta VOLUNTADES

Para conocer esto, no basta ser *Ilustrado*:
es menester ser SENSATO i PENSADOR.
Cualidades que pueden hallarse en un Sujeto
pero cuya reunion es rara

Solo los hombres dotados de las 3 { ven las cosas como son en sí
{ i trabajan por hacerlas conocer

Ellos han hecho la Cartilla siguiente — examínese con atencion, i se verá que hai 2 especies de Política

Popular i
Gubernativa  } i que, primero son Políticos { los Pueblos
que
sus Gobiernos

resultará que

2 Gobiernos no pueden simpatizar, si los 2 pueblos no simpatizan,
i esto se está viendo —

Los Gobiernos de América no pueden simpatizar con los de
Europa
porque
los Pueblos Americanos, en NADA se parecen a los Europeos.

La Cartilla demuestra
la influencia de las Costumbres en el Gobierno
i la  .  del Gobierno en las Costumbres.

El punto de partida indeciso

sobre { si es el Gobierno el que influye
o si son las Costumbres } no lo será para quien piensa

i ya múchos lo han decidido.

En el Sistema Republicano { el Gobierno forma las Costumbres
porque enseña a formarlas

En los demas, sean cuales fueren { las Costumbres forman el Gobierno
porque cada uno hace de sus hijos lo que quiere

En vano se atormentan, pues, queriendo que donde cada uno,
en su casa, está disponiendo del Gobierno, haya Gobierno que
influya en las Costumbres

Acostumbrados a pedir a Dios milagros
cuando buscamos peligros

le pedimos un Milagro Político,
cuando nos juntamos en Congreso, a tratar de evitar los males que nos hace un Gobierno, que hemos hecho paraque
los haga.

# CARTILLA

El Gobierno de un pueblo *Bárbaro* es GROSERO
i el  .  del  .  *Feroz*  es BRUTAL

n este estado, la *Concordancia* entre $\left\{\begin{array}{c}\text{las costumbres}\\ \text{i}\\ \text{el Gobierno}\end{array}\right\}$ de uno i otro
*es perfecta*

pero el Gobierno no dura, i la razon es que $\left\{\begin{array}{c}\text{el bárbaro se instruye}\\ \text{i}\\ \text{el feroz se humaniza}\end{array}\right.$

La MUERTE aleja a los Pueblos de su oríjen , cada dia —
i la EXPERIENCIA los lleva , de la mano, por 2 caminos
paralelos

por el uno marchan ELLOS
por el otro  . sus GOBIERNOS

Camino del Gobierno     i     Camino del Pueblo

Un Gobierno grosero, o brutal, no puede tener Politica : para todo ocurre a la Fuerza, i los atrevidos lo ayudan.

Sus *Violencias* hacen al pueblo ASTUTO............. la ASTUCIA

es el 1.<sup>er</sup> grado de Política Popular ;

pero

la *astucia* del pueblo hace al Gobierno

SUSPICAZ (a)

(a)     la SUSPICACIA

es el 1.<sup>er</sup> grado de Política Gubernativa,

pero

la *Suspicacia* del Gobierno hace al Pueblo

DESCONFIADO ............. la DESCONFIANZA

es el 2.<sup>do</sup> grado de Política Popular ;

pero

la *desconfianza* del pueblo hace al Gobierno

HIPOCRITA (b)

(b)  la HIPOCRESIA

es el 2.do grado de Política Gubernativa ;
pero
la *hipocresía* del Gobierno hace al Pueblo

FALSO............................................. la FALSEDAD

es el 3.er grado de Política Popular ;
pero
la *falsedad* del pueblo hace al Gobierno
ARBITRARIO (c)

(c)  la ARBITRARIEDAD

es el 3.er grado de Política Gubernativa ;
pero
la *arbitrariedad* del Gobierno hace al Pueblo

ATREVIDO ......................... NO HAI 4.to GRADO,
porque
el Pueblo PIERDE EL RESPETO al Gobierno

Discordancia absoluta, entre las 2 partes, entónces =

el MIEDO hace al Gobierno TIRANICO i el ODIO hace al Pueblo CRUEL

Aquí entran las Intervenciones. Los Gobernantes hacen des-
trozar a los pueblos por *sostenerse*, bajo pretexto de sostener
sus Gobiernos, i causan un mal irreparable a la humanidad ...
un mal, oríjen de muchísimos males = el ODIO ETERNO! que se
profesan las naciones, i qué sus Jéfes protejen para fomento
de sus guerras: lo honran con el nombre de *espíritu nacional*,
con el de *rivalidad conservadora*, i hasta *emulacion* se atreven
a llamarlo.

El espíritu nacional    es    el fundamento de la Milicia
la rivalidad conservadora es    su sosten

i la emulacion          es    el refinamiento $\left\{ \begin{array}{c} \text{de los medios} \\ \text{i} \\ \text{modos} \end{array} \right\}$ $\begin{array}{c} \text{de des-} \\ \text{truirse} \end{array}$

"El Soberano N $\left\{ \begin{array}{l} \text{tiene, en pié de guerra } \textit{tantos} \text{ mil hombres} \\ \quad \text{i} \\ \text{puede poner hasta } \textit{tantos} \text{, cuando quiera }" \end{array} \right.$

es la expresion con que los Estadistas miden el respeto que
merecen las naciones

$\left. \begin{array}{l} \text{cómo se levantan} \\ \text{cómo se mantienen} \\ \text{cómo se tratan} \\ \text{i cómo se emplean} \end{array} \right\}$ estos hombres $\left\{ \begin{array}{l} \text{es el oprobio del entendimiento} \\ \text{no digamos } \textit{humano} \\ \text{porque los Leones no mandan tropas} \end{array} \right.$

Por *irrision* invocan a la DIVINIDAD! miéntras pelean, i
por *hipocresía* estrechan VINCULOS DE AMISTAD! miéntras descansan.

Si con esto prueban las naciones *cultas* su ALTA *civilizacion* =
los pueblos bárbaros hacen los mismo, i no profanan los nombres:

los Bárbaros $\left\{ \begin{array}{l} \text{Invaden por Dominar} \\ \text{Destruyen por Vencer} \\ \text{i Saquean por Enriquecerse} \end{array} \right\}$ pero ...

no dicen al vencido $\left\{ \begin{array}{l} \text{que lo toman bajo su Proteccion} \\ \text{que lo despojan, por socorrer a sus Defensores} \\ \text{que lo venden, por el bien de su Alma} \\ \text{que lo matan, por rejenerarlo} \\ \text{ni que se lo comen, por hacerle honor} \end{array} \right.$

11

" Así ha sido el mundo i así es " [ se dirá]
                                     pero
no se crea que *así será* „ porque no debe ser así.

Esto lo saben hoi muchísimos, i cada dia es mayor el número.

Hoi *se piensa*, como nunca se habia pensado —
*se oyen cosas*, que nunca se habian oido —
*se escribe*, como nunca se habia escrito —
i *esto va formando opinion* en favor de una *reforma*, que nunca se habia intentado = LA DE LA SOCIEDAD.

Se objetará [con razon] que *la voz del pueblo no es la del cie-
lo*, porque sea *verdad* lo que el pueblo dice; sino porque la
voluntad de *muchos* vale mas que la de *pocos*

Se distinguirá (con razon tambien) { el *todos lo dicen*
                                     { del *todos lo quieren*
                                     { i del *todos lo pueden*

haciendo ver { que el *todos lo dicen*, es prueba de *número*,que no arguye
              {                        *razon* sino para *estúpidos* .
              { que el *así lo dice el S.D. Fulano* , es prueba de *autoridad*,
                     que no arguye *razon* sino para *limitados* .
i se alegará que, siendo la *fuerza moral* el signo de la *fuerza física* ,
                     en vano se quiere lo que no se puede.

            Pero         { quieren mejorar su suerte, porque es mala,
                         { pueden mejorarla, porque nada se opone,
los Pueblos de hoi       { i dicen [con mucha razon] que a la Ins-
                         { truccion todos tienen derecho — i que el
                         { fin de la Sociedad es oponerse al abuso de
                         { la fuerza física.

# EPÍLOGO

## CLASE INFLUYENTE.

Esta Clase se distingue, en gran parte, i en todas partes, por conocimientos ajenos del arte de vivir „ conocimientos que en nada contribuyen al *bienestar social* — todo lo que se sabe rueda sobre la Administracion, o sobre el curso de negocios establecidos = i estos negocios son, en suma, el *aumento de negocios de comodidad de las clases ya acomodadas*: las que no lo estan, aspiran a elevarse por el caudal — ¿quien no lo buscará en todos los rincones de su país, o no saldrá a buscarlo por todos los del mundo? La Avaricia ocupa el lugar de las Luces, donde las Luces no han penetrado.

## INFIMA CLASE.

Esta, por salir de la Inferioridad, abusa de la impotencia del pobre de espíritu, o de medios „ i es mas injusta con EL, que la influyente lo es con ELLA: sin advertir que *nadie quiere ser ménos*, i que la estupidez no se hereda como la pobreza.

## EL REI

Moderno o Constitucional, que ve ultrajada su dignidad con la dependencia, emplea la *astucia* para recobrar sus derechos — poco a poco desaparece la clase que lo oprime — va ganándose, con honores, la que le sucede — i al fin, adquiere una fuerza moral, signo de la fuerza fisica de un gran número de hombres, acostumbrados al trabajo i al manejo de las armas.

## MASA DEL PUEBLO.

Millones! de hombres se pierden en la abyeccion, por no conocer los medios de elevarse — o por no poder adquirirlos — o porque la pereza mental los abate — o porque no se les permite aspirar a ser mas de lo que son: de los Sabios mismos se hace poco caso si son pobres. — Se cubren los campos de jente ociosa, porque la cultura no los ocupa — las ciudades del interior se llenan de mendigos — i en los barrios de las grandes capitales, pululan los miserables. — Cinco necesidades . . . fundamento del derecho natural . . . . persiguen al hombre, en todos los instantes de su vida „ i por satisfacerlas expone su vida misma.. ¿cómo no le harán faltar a los tres respetos que debe a sus semejantes?

Respeto a la vida
Respeto a la propiedad
Respeto a la Reputacion „ i de la reputacion pende el crédito.

Todos necesitan {
alimentarse
vestirse
alojarse
curarse i
distraerse
} i, en lugar de contar con

las facilidades que promete la Sociedad, cada uno teme por su vida; porque posee lo que otro busca, o le sirve de estorbo para adquirirlo — teme el engaño, la usurpacion, el robo, la rapiña — teme la envidia que mueve la lengua a la detraccion i a la impostura — perdido el buen concepto que necesita para obtener confianza, se abandona — desprecia a todos, porque todos lo desprecian „ i acaba haciéndose despreciable. ¿Quien creería, si no lo viese, que la Sociedad tiene leyes para castigar crímenes que proteje? — ¿que hace de ellas una Ciencia, i la manda estudiar para aplicar penas? — ¿que estas penas estan en un Código = coleccion de recetas burlescas, o bárbaras a cual mas crueles?.. [por ejemplo] Reconocer por natural ...por sagrado! el derecho a la Libertad — i por irresistible la tendencia a buscarla,, i sacar de este argumento, RAZON, para redoblar las penas e imponer nuevos castigos al pobre preso, que aprovecha de la ocasion para evadirse!—Reputa la *Idea Fija* (con intervalos o sin ellos) por LOCURA, i la *Premeditacion* (que prueba lo mismo) por CORDURA.—Perdona, al Loco, los mayores atentados,, i castiga cruelmente el menor crímen cometido *de hecho pensado*; como si el haber estado, *por largo tiempo*, pensando en hacer un gran mal, no fuera prueba de no poder prever las consecuencias = como si la incapacidad de raciocinar, no fuera demencia = como si los dementes que asisten a ver morir a uno de su especie, pudieran hacerse cargo del considerando de la sentencia, para escarmentar en cabeza ajena = como si los hombres sensatos necesitaran de escarmientos = como si los imajinativos no hallaran mil razones para disculpar al paciente, probando que la premeditacion no es premeditacion, sino inadvertencia, i que la invertencia no es inadvertencia sino premeditacion.

Instituye la Sociedad un Gobierno, para velar sobre el órden i cuidar de la conveniencia pública... ¡i abandona los pueblos a su instinto!... Cuando ve que el número de vagos, POR GRANDE! estorba o perjudica, llena con ellos Barcos i Cuarteles, i el sobrante lo echa a presidio!—Del mismo modo procede su Policía con los Perros.—Hace azotar, arrastrar por las calles, colgar a una argolla, marcar o mutilar al *Pobre*, por acciones que llama DELITOS,, i las mismas, en el *Rico*, son DEBILIDADES, que disimula por respeto a la familia! La jente Pudiente tiene *Honor*—la infeliz no debe tenerlo—i la Sociedad no tiene Verguenza de hacer estas distinciones!

El Gobierno ve brotar la jeneracion, como la yerba en el campo „ i cuenta, para cuidar de los individuos, con la frájil existencia de unos Padres que los abandonan [en la Infancia muchos... en la Pubertad los mas] por muerte, por desidia, o por no tener qué darles: entretanto, la instruccion está encargada a la Ignorancia, i la direccion confiada al capricho de personas que, porque se enamoráron se casáron, porque se casáron procreáron i porque procreáron adquiriéron una potestad paterna,, que les enseñó la Urbanidad, la Moral, la Relijion, la Economía, la Política..,. i no les enseñó más, porque no era menester saber más, para hacer buenos ciudadanos.—Los niños Pobres se insinúan en la masa, como larvas de polilla,, i los que heredan algo (que son mui pocos) caen en manos de administradores, por el resto de su minoridad: al salir de ella se encuentran con un cortejo de Abogados, Procuradores i Escribanos, que los llevan al *Tribunal*, como a la primera visita de ceremonia que deben hacer para entrar en el mundo: allí dejan una gran parte [cuando no el resto] de lo que salváron de la Administracion.

Acostumbrados, durante el pupilaje, a la adulacion que los Tutores dan, en razon del caudal,, entran en el mundo creyendo que todo se les debe, porque traen con qué pagar los servicios:—se divierten—hacen mil daños—i mueren, dejando su vida empatada con la de sus hijos „ por un testamento igual al que les dió el carácter social, con que pasáron sus dias......

Suspendamos. Esta es la Sociedad *Monárquica*, *Aristocrática*, *Oligárquica*.. i .. segun se quiere... REPUBLICANA ; pero ninguna de estas es la que conviene restablecer en nuestro siglo.

—

Debemos considerar estas combinaciones de Intereses, como ensayos que se han estado haciendo, de varios modos i por largo tiempo, para trazar el plan de un edificio „ o como los andamios para levantarlo.

### LAS VERDADERAS IDEAS SOCIALES

No estan *por formar*, sino *por poner en práctica*; pero no hai Resolucion o no hai Constancia, i sin uno i otro no hai empresa—

la irresolucion no empieza
la inconstancia no acaba

Unos se quejan, otros lloran, otros maldicen, i todos se desesperan.

Se quejan unos de otros
Lloran lo que han perdido
Maldicen las mudanzas
Desesperan de ver el fin

Quéjense de las Constituciones
Lloren su Indiferencia
Maldigan su Egoismo
i desesperen de conseguir la paz, matándose.

Viven encerrados en sus casas, *murmurando*:

Salgan. júntense, rodeen al Gobierno, traten con EL del bien comun, i hallará cada uno el suyo.

Dejan al Presidente solo, con facultades para hacer lo que quiera — ¿ qué hará sino lo que le parezca conveniente ? —

¿ Lo critican con buena intencion ?.. El la lleva en todo lo que hace.

Deseando todos lo mismo, disconvienen en los medios.

*La Independencia no se disputó con plumas = un Có-
digo no se discute a balazos .*

Quejas infructuosas son *quejidos* = consuelo del dolor ; pero
nó remedio .
Con reniegos se desahogan enfados ; pero no se reparan pérdidas
La desesperacion es un extremo, nó un medio

i si ⎰ por único consuelo
⎱ por todo remedio
por toda reparacion i ⎱nos pusiéramos a LLORAR
por último recurso

correrian *torrentes* de lágrimas, mas abundantes que *los* de
sangre que han corrido en las *batallas*, desde que los hombres empezáron a apedrearse, hasta que inventáron la *Bala
Roja*,, i en los *patíbulos*, desde que empezáron a ahorcarse,
hasta que inventáron la *Guillotina* = porque, no se muere mas
que una vez, i se puede llorar muchas veces al dia — 2,
por lo ménos, si. se come a la Inglesa (mañana i tarde) o
3, si se come a la antigua Española (mañana, tarde i no-
che) o 4, si se merienda. Los Ejércitos se componen de
pocos, i una bala mata a pocos, aunque acierte,, los pueblos se
componen de muchos— la injusticia hecha a un particular, al-
canza a muchas familias, i si es Pública... a toda una
Nacion .

el *Gobierno* pide OPINION para *Gobernar* :

FORMESE          i          la SEGUIRA :

para formarla siéntense los principios siguientes :

| Sociedad | significa | Union INTIMA |
| República | . | Conveniencia JENERAL |
| i Jeneral | . | lo que conviene a TODOS |

por consiguiente,
## SOCIEDAD REPUBLICANA
es .
la que se compone de hombres INTIMAMENTE unidos, por un

comun sentir de lo que conviene a TODOS —viendo cada uno en lo que hace por conveniencia propia, una parte de la conveniencia JENERAL.

Principios viejos
en Libros i en Bocas } en obras?.. { ni se han visto
ni se ven —

Se verán, si se inculcan, en la Infancia, por una

## EDUCACION SOCIAL.

El que lo dude, pruebe } que la Canalla NACE
i
que la Educacion NO HACE.

No puede haber hoi quien pretenda... *con razon*... que debe
haber Clases Ignorantes i Pobres
No serán ciertamente hombres imparciales los que lleven la contraria: serán los que... por error... vean su interes en la existencia del despotismo: los que crean haber aprendido, en la historia, el arte de gobernar *hombres libres*: los que no adviertan que lo que saben de Sociedad, lo deben al crepúsculo de las Luces Sociales que empieza a rayar.

Hablamos { de nuestras Instituciones liberales
de nuestra Constitucion Política
de nuestro Sistema Representativo

Instituir significa
*establecer en*... } ¿en qué, si no hai Costumbres?

Constituir significa
*establecer con*... } ¿con qué, si no hai qué juntar?

Sistema significa
*poner junto*... } pero, no todo conjunto es Sistema:

esta palabra encierra la Idea de —

un conjunto de ajentes
*obrando de acuerdo* } para producir { un efecto *determinado*
nó
un efecto *cualquiera*.

En el Sistema REPUBLICANO

las Costumbres que forma ⎫ ⎧ una autoridad *pública*
una Educacion Social ⎬ producen ⎨ nó
⎭ ⎩ una autoridad *personal*

una autoridad sostenida *por la voluntad de todos* ,
nó
*la Voluntad de uno solo* , convertida en Autoridad

o de otro modo ,

la autoridad se forma ⎫ ⎧ educar es
en la EDUCACION ⎬ porque ⎨ CREAR-VOLUNTADES ——

se desarrolla ⎫ ⎧ efectos necesarios
en las COSTUMBRES ⎬ que son ⎨ de la EDUCACION ——

i vuelve a ⎫ ⎧ la tendencia de los Efectos
la EDUCACION ⎬ por ⎨ a reproducir la AUTORIDAD .

:   es una circulacion de la *autoridad* en el Cuerpo Social
como .  la    .   de la *Sangre* en el  .  Animal

No habrá jamas *verdadera* Sociedad , sin *Educacion*
ni autoridad *Razonable* , sin costumbres *liberales* .

Los defensores del Republicanismo Bastardo, no advierten que
su Sociedad representa un Cono en posicion inversa =

| LAS COSTUMBRES | en la verdadera República | LA AUTORIDAD |
|---|---|---|
| sobre | | sobre |
| la autoridad | | las costumbres |

Pocos habrá que no hayan visto un Pan de Azúcar: i deben haber observado que ni los Niños pretenden que se mantenga de PUNTA . .

### EL AMOR PROPIO

(por eso se ha hablado de él, al principio)

alucina = como una *pequeña luz* , cerca del ojo, impide ver
GRANDES LUCES a distancia: i ensordece, a las insinuaciones

de la razon = como un ruido agudo, junto a la oreja, impide percibir la armonía de un concierto. El ojo ve músicos e instrumentos moviéndose; pero el oído no percibe ni sonidos ni concordancias.

Apliquense esta comparacion los que se burlan de la República.

Estan en el mundo: no se rian de él, porque se reirán de sí mismos: traten de desengañar a los que, en lugar de correjirse, quieren correjir la naturaleza.

¡Empezar una CONSTITUCION POLITICA!

en nombre de Dios Todo Poderoso, autor y lejislador de las Sociedades.... HUMANAS!....

¡ i creer que con este encabezamiento, se convierte un pueblo en otro...., DE REPENTE!....

Pensemos.

En nombre de Dios . . . . . es el *in nomine Patris* de la misa:
Todo Poderoso i Autor. . . es un *retazo del Catecismo*:
Lejislador de las Sociedades. no será *de las que conocemos,, porque* Dios no les ha mandado *destrozarse a su nombre:*
humanas. . . . . . . . . . . . . . está de más,, porque solo los hombres hacen pactos.

Una Constitucion es obra del *Libre albedrío*: si, cada vez que usamos de él, debieramos implorar la ayuda de Dios, todo el tiempo se nos iria en pedir *licencias*, i no habria mérito en nuestras obras: reglemos nuestra conducta por el *entendimiento* que Dios nos ha dado,, i cada accion será una *imploracion virtual* de sus auxilios.

En vano invocamos a Dios, si no hacemos lo que Dios nos manda = que es

*Pensar ántes de obrar*

i

*empezar* las obras por el *principio*

¡ Declararar la INDEPENDENCIA !

diciendo

que el País no es, NI SERA JAMAS ! propiedad { de una *persona*  
{ de una *familia*  
{ ni de una *jerarquía* !

¡ ante *Familias i Jerarquías* que se creen dueños, no solo del suelo sino de sus habitantes !... con herederos forzosos instituidos por las leyes ! — ¡ i hacer garante de la declaracion a una persona, que espera la formalidad *del nombramiento*, para empezar a ejercer las funciones de REI CONSTITUCIONAL ! (con deseos, *tal vez* .. i *sin tal vez* .. de hacerlas hereditarias)

¡ Contar para el *sosten de la Independencia*,

Con *Esclavos*, de cuyo trabajo subsisten las Jerarquías !—
¡ Con *Libertos*, exentos del trabajo, para hacer trabajar !—
¡ Con *descendientes de Libertos*, i otros de igual condicion !...
que ven como una PREROGATIVA ! el no poder ser vendidos,
i como una FORTUNA ! el no tener voluntad !...
¡ Parece plan para un Romance ?
i la fórmula recuerda
el Item *dejo* i el Item *mando* de los testamentos.

porque

para obligar a los pueblos presentes a obrar *contra sus sentimientos*, es menester ser mas fuerte que la Costumbre —
i para disponer de la voluntad de los Pueblos futuros, es menester haber perdido el juicio.
Si estas Constituciones alcanzan a la Posteridad, es regular que, las futuras Clases Influyentes, al ver los *Encabezamientos* i las *declaraciones*, creean que, nuestros Congresos se componian de Clérigos i Abogados MORIBUNDOS que, en su delirio, se figuraban el altar enmedio de un archivo, i al Acólito haciendo las veces de Escribano.

# EPI-EPILOGO *

### COMERCIO

La Libertad lo ha sacado de Quicios
El Consumo la pondrá en sus Límites

### CULTOS

La Imajinacion los ha multiplicado
La Reflexion los reducirá.

## COLONIAS!!!

Si Europeos i Americanos no se recojen a pensar,

la colonizacion
como unos i otros la entienden, $\Big\}$ será fatal $\Big\{$ al continente
i
al contenido =

al Continente., si no se prepara el LUGAR,
al Contenido, si no se disponen los OCUPANTES =

el País ahora *inhabitado*, se hará INHABITABLE
los Colonos, ahora *toscos*, se harán INTRATABLES

TODO $\Big\{$ por haber faltado al ORDEN
i
por no haber consultado la CONVENIENCIA

El globo pertenece a sus habitantes: i con tanto derecho posee, el uno como el otro, el lugar donde ha nacido.

---

* *Significaria* [*si se usara*] Sobre-sobre discurso : *lo digo en
Griego, sin saber el Griego, como muchos dicen en Latin lo que
no entienden ; pero no diré* ... POR DECIRLO ASI ,, *porque ya lo he
dicho así. Esta expresion de* tranquilla, *debia haber desaparecido, hace tiempo, como han desaparecido* $\Big\{$ *el* salvo -yerro
*i* los ceros a la izquierda $\Big\}$ *de que
usaban nuestros Padres. El* por decirlo así, *recuerda la mujer
que gritaba desde su ventana* .. el Santo Oleo que estoi sin habla.

Sin haber estudiado *Física*, todos conocen la léi de la impenetrabilidad; pero es menester haber pensado mucho para saber *disponer* LAS COSAS O DE LAS COSAS: *dislocar* es fácil, *desalojar* requiere fuerza ,, i para dar , a las cosas que se quitan de un lugar, otro que les acomode, hai muchas consideraciones qué tener — muchos respetos qué guardar (*respeto* no quiere decir *veneracion* ni *miedo*) . — Por *impenetrabilidad*, los Europeos no pueden ocupar el lugar que ocupan los Americanos ,, i no hai conveniencia propia , ni necesidad de tal urjencia, que les dé el derecho de des-alojarlos .

Esas expresiones voladas *dominar* , *someter subyugar* , son tan perdonables a la Ignorancia, como indignas de quien ha contraido, con la Educacion, la obligacion de respetarse . ¿ Cuán disonantes no serian en boca de un Ministro ! (no digamos en la de un Rei )

Esto no es *adular por temor* . Bien puede cometer Violencias el fuerte , i paliarlas con el nombre de *conquistas* , creyéndose en los tiempos de sus abuelos ; pero hai una fuerza superior a la suya == el juicio de los hombres *sensatos* i el de la *Posteridad*: ocurrirá a la aprobacion del *Vulgo* para consolarse del desprecio de la parte *ilustrada* ; pero .. ¡ ¡qué triste compensacion ! ?

" No ha de quedar un.. ' Indio ! paraque haya seguridad "
" es menester acabar.. cón esa Canalla ! "
(dicen algunos americanos)
expresion apasionada, perdonable en la Ira; en la Calma, no habria términos con qué vituperarla . Si los descendientes de Conquistadores reflexionaran, tratarian de dejar sus apellidos; i harian bien en tomar los de los Indios , para perderse en la masa — i hasta *ingratos* deberian ser , absteniéndose de pronunciar el nombre de Colon: el bueno.. el virtuoso Italiano , no vino a matar jente ; pero abrió las puertas a unos asesinos, creyéndolos Cristianos .

La PROPIEDAD , que ántes se disputaba con *armas* , se disputa hoi con *leyes*: estas dividen el suelo en tres especies

puestos ,
terrenos i
territorios .

La naturaleza da el PUESTO con la existencia

Por *Instinto*, se apoderan los hombres del suelo, a pedazos, para asegurar en ellos su *subsistencia* — por *convencion*, se los reparten en porciones, i las llaman TERRENOS — las leyes civiles determinan los límites, declaran la propiedad i la ¡protejen.

Las Naciones, consideradas como Individuos, poseen, en propiedad, los suelos que ocupan — los llaman TERRITORIOS — i se conservan en ellos por leyes, que ellas mismas han hecho, i reconocen bajo el nombre de *Derecho de Jentes*.

El hombre ménos instruido, en asuntos. civiles, conoce que no tiene derecho para apropiarse un lugar que otro necesita, i que él no puede ocupar.

Una mediana ilustracion basta para saber que, en los paises mas poblados, cabrian los habitantes que emigran por falta de subsistencia,, si en la destinacion de las personas, i en el uso de los medios de subsistir hubiera órden.

Acostumbrados los Emigrantes, los unos a extenderse i los otros a estrecharse en su país, vendrán a la América a hacer lo mismo, i al cabo de algun tiempo, se verán en peor estado, por el abuso que los fuertes harán de los débiles, al repartirse las tierras i los auxilios que les den para cultivarlas.

Ya no hai mas suelo *grande* i *habitable* que la América, i por casualidad se halla VACIO, a tiempo en que la *experiencia* [que llamamos Luces del Siglo] enseña lo que debe hacerse, paraque los hombres gocen de las comodidades de la vida, *sin deber destruirse para proporcionárselas*.

[*En esto no piensan los Especuladores de Colonias.*]

A los Americanos toca, como primeros ocupantes, preparar el suelo para recibir. CON DECENCIA, a los Europeos, a los Chinos, i a todo hombre, sea cual fuere su Color „ con una diferencia en el modo segun la edad. Los Europeos pueden ayudar con indicaciones, porque, entre ellos, hai muchos PENSADORES. Los que no piensan sino en llenar la bolsa, no estan para dar consejos — tiempo les falta para sus negocios.

## INTERNACION DE COLONOS

En la pájina 55 dejamos a los Colonos en el Muelle — ántes que emprendan su marcha para el interior, conviene que los Especuladores vean los léjos de su empresa.

La perspectiva es lisonjera. Explorar los desiertos de América con jente miserable, espalduda, trabajadora, dócil, que se contenta con poco i no aspira sino a dar gusto al amo., promete, sin duda, grandes ganancias. Pero en el reverso del cuadro se ven escaseces, fatigas, insectos, reptiles, tercianas, disentèria=que arrancarán mas de un suspiro, por las satisfacciones que se gozaban enmedio de la miseria—habrá deserciones—el Gobierno del país se hará Alguacil a las órdenes de los Comisionados—i nada impedirá que muchos Emigrados reemigren, en busca del principal Bienhechor, despues de haber asesinado a sus Sobrestantes. La Colonia clavará las hachas i se resolverá, en Coloniolas de artes i oficios, que inundarán los poblados. No se habrá conseguido cultivar los campos; pero se habrán colonizado los apellidos: en breve se verán los Institutos Ortolójicos i Caligráficos de las Aldeas, llenos de *Esmites* de *Juaites* i de *Cuques*, i al cabo de algunos años, la hija de ña Petrona la Pulpera será madama Granyan. Con esto i con otras cosas, no ménos importantes, la Civilizacion del pais habrá hecho grandes progresos, siguiendo la marcha magestuosa de su Gobierno i el rápido vuelo de los negocios.

Pero un viejo, que estará sentado al Sol, en la esquina viendo pasar el cortejo dirá, cabeceando,

*no hai peor mal que el que se hace bajo las apariencias del bien.*

# FINAL.

Se ha hecho un discurso PRELIMINAR.

PRELIMINAR, significa *lo que está a la puerta* =
lo que debe considerarse ántes de entrar en materia

Los Pensamientos principales que componen el Preliminar son

Se ha hecho una CONCLUSION

CONCLUSION significa *Cerrar con*

Los 15 pensamientos que preceden, se cierran con un número menor de pensamientos, que reducen la Idea Jeneral a un campo ménos extenso.

Estos Pensamientos son

Se ha hecho un EPILOGO, que significa *Sobre discurso*. Un número de pensamientos, todavía menor que el de los que compusiéron la *Conclusion*; presenta los pensamientos que deben hacer mas fuerza.. estos son

Se ha hecho un EPI–EPILOGO
que significa *Sobre Epílogo*

Para llamar la atencion sobre los últimos pensamientos, que deben ser el objeto de la Reflexion:
estos pensamientos son

I acaba con el siguiente FINAL,

compuesto de las atenciones del dia ⎰ atenciones de *Presente*
⎱ atenciones de *Futuro*

Atenciones de Presente ⎰ Pan
⎱ Justicia
Enseñanza i
Moderacion

Atenciones de Futuro ⎰ Educacion Popular i
⎱ Colonizacion

En lugar de pensar ⎰ en Comercio ⎱ pensemos en tener ⎰ Pan
en Colonias Justicia
en Cultos i Enseñanza i
en Reyes Moderacion

13

En el país de la abundancia ha llegado a hacerse sentir la es-, casez. Seria inútil describir el estado de algunos lugares: los que estan en ellos, no necesitan ver pintado lo que sienten. El comercio de cosas es una cadena de muchos ramales: no hai habitante que no tire del suyo. Si los hombres pudieran valerse solos, no estarian en Sociedad „ i si pudieran entenderse no tendrian Gobierno. *"Gobernar lo ménos que se pueda"* es máxima para pueblos viejos = la América es orijinal hasta en su pobreza. Todos saben que lo que no se alimenta no vive; pero nó todos conocen las relaciones entre lo fisico i lo moral ,, i muí pocos consideran el imperio de las primeras necesidades = el HAMBRE *convierte los crímines en actos de virtud, por la obligacion de conservarse.* Esta consideracion pertenece a los Gobiernos: porque a ellos está confida la guarda de las leyes —

para EVITAR INFRACCIONES;
mas bien que para *castigarlas.*
Hacer ejecutar sentencias son funciones de Alguacil.

Todo miembro de una Sociedad está obligado a ver por ella, porque en ella se ve a sí mismo — i es eminentemente sociable el que, *en cada uno de sus semejantes* ve un Hermano, i su Patria *donde se halla,,* porque no puede estar en todas partes.
Ese hombre es el que el Vulgo llama, por desprecio....

COSMOPOLITA !

*" Cuidado con decir que mi tierra es Estéril,, porque yo soi de allí"*
(es Patriotismo !)

*"¿ Qué tiene U. qué ver con lo que se hace aquí,, si U. no es de aquí"*
(es celo Patriótico !

El Cosmopolita calla porque *teme*, o porque no puede hacerse entender
pero dice, entre sí,
"no hai cosa mas patriota que un tonto;"

"pero de estos hai pocos, i las Luces del Siglo acabarán
con ellos"

Al juicio de los Gobiernos, que por instituto deben ser Cos-
mopolitas, somete, un Cosmopolita, el siguiente arbitrio,
            para dar qué comer al hambriento
      .    .    de qué vestir al desnudo
      .    .    posada al peregrino
      .    .    remedios al enfermo
      i para distraer de sus penas al triste =
que son *obras de misericordia*, para toda alma sensible,
      i para todo padre de familia.. PRECEPTOS

Si de las ocupaciones *mas sérias*!... si de los asuntos *mas ele-
vados*! descendemos, por grados, al Suelo,, hallarémos su
oríjen
                  en el  alimento
                  en el  vestido,
                  en el  alojamiento,
                  .en la  medicina
                i en la  distraccion:

En esta especialmente,, porque todo lo que hacemos es por
*no sentir que vivimos*, i por *no ver lo que somos*.
      No sentimos que tenemos Cabeza, sino cuando nos duele.
No vemos toda la extension de nuestra miseria, sino cuando
            entramos en nosotros mismos.

En el Sistema Económico actual, las Grandes Propiedades
son Brazales, de donde salen las Regueras que van a hume-
decer los Planteles: lo primero que se desordena, en una Revolucion, es la Economía: el Réjimen Monárquico hace de-
pender tódo de los Grandes = ellos son Señores del Suelo
i dueños del trabajo. En ninguna parte entienden mejor sus
intereses, lòs Grandes, que en Inglaterra = Se dejan vestir i
vestir a sus criados, mudar el ajuar i adornos de casa, el servicio de mesa, los carruajes, las monturas &a. se suscriben
a todo lo que se imprime, i tienen bibliotecas, aunque no lean
— todas las mortajas deben ser de un jénero, por privilejio
concedido a una fábrica — i el año 22, de este siglo, se vió
un gran Cartel, en los lugares públicos de Lóndres, anuciando

" ATAUDES DE HIERRO, de nueva invencion
para la Alta Nobleza i Caballeros "

Entre las muchas tarjetas de aviso que se reparten por las calles, i cartelitos que se pegan a las paredes, habia uno, con las armas de la Corona, que decia

Fulano de tal, Matachinches de Su majestad

Un Zapatero de Viejo, se anunciaba, con grandes letras sobre su puerta por

Fulano de tal y compañía,
BOTERO DE LA GUARDIA REAL.

Ya que, bajo el nombre de Republicano, conservamos el Réjimen Monárquico,, protejamos la Industria de los Grandes, paraque ellos protejan la de los Chicos,, i habrá, en nuestras capitales, ménos Tahures, ménos Fulleros, ménos Cacos, ménos Rateros, i ménos Falsificadores,

## ARBITRIO

Los Arbitrios deben tomarse sobre el empleo de las fuerzas, nó sobre el valor de las cosas,, porque las cosas no valen sino por las fuerzas que se emplean en ellas, para hacerlas producir.

El Comercio es de 3 especies
Con las 1.ras producciones $=$ las que da la naturaleza
Con las 2.das . $=$ las que dan las artes
Con las 3.ras . , $=$ las que da el tráfico

El producto de la tierra es seguro, constante, i aumenta en razon del trabajo

El producto de un taller es un interes de fuerzas — constante si se aplican siempre, i progresivo si se aumentan

El producto de una casa es un interes de capital, que solo por casualidades aumenta: su naturaleza es disminuir

El producto del tráfico es eventual

Los Riesgos estan sujetos a cálculo, i aun en los de fuerza mayor, entra la prevision

El producto de la tierra es la mejor hipoteca:
Los animales de consumo le pertenecen
Los animales de servicio i los talleres estan en $2^{do}$ lugar

Las Casas están en el 3ᵃ

El tráfico está en el 4ᵗᵒ .

El arbifrio que se propone, se toma sobre el valor de la Industria, en tierras cultivadas o cultivables con pocos gastos.

---

### EJEMPLO

Una persona tiene tierras cultivadas

Le falta con qué fomentar su industria

Está adeudada

Pide espera a sus acreedores

Hipoteca sus tierras

Toma dinero prestado, pagando interes „ i trabaja

Entrega los productos de su industria al prestamista „ paraque los venda, prefiriéndolo por el *tanto* que otro ofrezca

Recibe una parte del valor, para su subsistencia, i para seguir alimentando su industria.

Deja el Resto del dinero, en poder del prestamista por espacio de un año, paraque haga uso de él, en beneficio propio „ i le concede á mas ¼ p⅜ de depósito

Cumplido el año, el prestamista distribuye el dinero deposi_ tado, entre los acreedores del hacendado, a prorata de sus créditos

Sigue de este modo, hasta haber pagado sus deudas, y despues, hasta haber omortizado el empréstito

---

Establézcase sobre este modelo un Banco, que se titule

BANCO INDUSTRIAL DE DEPÓSITO I DESCUENTO

Júntense los Hacendados, que necesiten socorros para fomentar su Industria

Junten a sus acreedores, i obtengan de ellos espera, ofreciéndoles un interes anual

Hipotequen sus haciendas

Levanten, sobre ellas un Empréstito, entre los capitalistas del país, ofreciéndoles el mayor premio corriente en el comercio.

Los Hacendados i sus acreedores como propietarios, i los Prestamistas como acreedores, harán la Compañía del Banco — del cual serán administradores los que la compañía nombre, por Semestres a turno, sacando el número a suerte.

Las fincas entrarán en el fondo, por la 3.ᵃ parte de su valor „ i la suma que resulte será el máximun del empréstito que se haga sobre ellas.

Los Préstamos, que el Banco haga a los Hacendados, no pasarán, por una sola vez, de la 3.ᵃ parte del valor hipotecado — que siendo este la 3.ᵃ parte del valor real de la finca, vendrá a ser su novena parte.

El hacendado entregará los productos de su hacienda, al Banco, paraque los venda „ prefiriendo, a los Prestamistas, por el tanto que otro ofrezca — i los Prestamistas concurrirán a la compra, a prorata de los capitales que tengan en el Banco.

El Hacendado será el ajente de la venta, para obtener el mejor precio.

El Hacendado recibirá íntegro el valor de los frutos del primer año, descontándosele, por el préstamo que se le ha hecho, el mismo interes que se paga a los capitalistas,, i a mas medio por ciento a beneficio del Banco.

Al año siguiente, el Hacendado cubrirá, si puede, la suma que se le suplió, con los intereses, i recibirá el resto.

Al 3r. año deberá dejar una cantidad de dinero (en que se covendrá) para distribuirla entre sus acreedores, a prorata de sus créditos — siempre pagando al Banco el medio por ciento &c. &c.

De algo servirán estas indicaciones, aunque no sea mas que de estímulo a otros, paraque piensen en proponer medios de animar la industria; pero deberán tener presente —

1.ʳᵒ Que los Productores se han de consultar para no producir mas de lo que se consume.

2.ᵈᵒ Que los Secretos, i la Libertad mal entendida de hacer cada uno lo que quiere, en su taller o en su campo, dan, a la casualidad, lo que debería esperarse del cálculo — hacen del agricultor instruido un optimista, i del ignorante un agorero: el 1.ʳᵒ atribuye sus pérdidas a las circunstancias „ i el 2.ᵈᵒ a lo que le dicen, o a lo que se le antoja decir. En la produccion superflua está toda su desgracia.

La Ignorancia produce las disputas, i la malicia las eterniza: por ignorancia creen algunos que la malicia prueba talento „ i por inadvertencia descubren su error, cuando dicen que *la Ignorancia es Suspicaz*, i que *todo tonto es malicioso*.

La misma diferencia que hai entre *lejitimidad i legalidad*, hai entre *malicia i maldad*: el fondo de las 2 primeras es la LEI, i el de las 2 segundas es el MAL = el oríjen del mal, que hacemos i nos hacemos, es la IGNORANCIA

Los Abogados defensores atormentan el sentido de las leyes, por salvar a sus clientes „ i los Jueces sentencian contra su sentir, porque las leyes son artículos de fé.

No hai cosa que padezca mas, en el mundo, que la razon: todos la imploran, i por una vez que la consultan, la violentan mil: la llaman, la hacen hablar, i la despiden tratándola, unas veces de *loca*, porque TODOS dicen lo contrario „ i otras de *atrevida*, porque tal Personaje o tal Autor es de distinto parecer.

Las 5 necesidades estan, como 5 fuentes, manando centenares de pleitos al dia, = en el mercado, en la cocina, en la despensa, en la mesa „ por la comida—en el campo, por las cosechas — en las calles con las lecheras, i con sus aparceros los aguadores — con tenderos, sastres i costureras, i con sus procuradoras las lavanderas „ por el vestido — Con los amos de casa, con los vecinos i con la policía „ por el alojamiento — con los médicos por Visitas, con los boticarios por cuentas de recetas,, en las enfermedades— i por distraerse.. con cuanto hai,, porque todo puede ser objeto de diversion = tantas camorras puede haber en los bailes de Corte, como en las Cáravas.

Unos pleitos se deciden en casa, otros ante el Alcalde de Barrio, otros ante el de Cuartel, ante el de Ciudad, ante el de Distrito o de Provincia, i últimamente ante el de Reino, segun el peso de la demanda, i el de los litigantes.

Tambien los Tribunales se han colonizado=las *Audiencias* se han vuelto CORTES, i los *Oidores* VOCALES: las *Sentencias* se CASAN, porque *anular* es viejo „ i el tribunal es de CASACION nó de revista. En breve los muchachos *casarán* vasos en lugar de *quebrarlos*, o los *brecarán* si estan aprendiendo Inglés.

No hai 2 cosas que se parezcan mas que la Carnicería i el Tribunal: en la 1.ᵃ se matan animales gordos, i en el 2ᵈᵒ litigantes de *buenas carnes*: el cuchillo en el matadero, i

el papel sellado , en el juzgado, son instrumentos de déguello , para
desangrar ='i asícomo el pobre animal brama , al sentir el hierro en el cuello, así el pobre litigante cruje los dientes, al ver
que le cobran, por una hoja de papel, el valor de una, de dos
o de tres resmas ; el pobre buei , feliz en su desgracia, acaba sus dias en pocos instantes = el pobre litigante pasa su
vida muriendo—a veces encarga a sus hijos que lo acaben de
despenar ,, i mueren ellos en la encomienda : hai Carniceros
sensibles, que vuelven la cara, por no ver padecer a su vícti-
ma ,, los ministros de justicia abren tantos ojos , paraque no se
les escape : los Carniceros se quejan de los malos pastos, i los
Escribanos de la paz de las familias :

*mas vale una mala composicion que un buen pleito* ,
es el descrédito de la administracion de justicia =
i se dice con tanta serenidad, como Sancho Panza decia
*allá van leyes donde quieren reyes*
sin pensar en lo que decia

## ARBITRIO

Empiécense a atajar estos males en las puertas del Banco.
Mande el Congreso,..o el Presidente.... ya que la Constitucion lo hace *medio Lejislador* ,, o ya que él se hace Lejislador *entero*, para llenar los blancos de un Código , que nunca se acaba, porque no se empieza...mande que los contratos se
hagan ante un Juez especial, semejante al *Juez del estudio* en la
Universidad ,, i en papel *comun* ; aunque se perjudique un poco
el comercio del *sellado* — i que se juzguen las demandas *verbalmente* ; aunque se perjudique un poco el *ramo de autos* —
i sin apelacion a otro juez, que al texto del contrato ; aunque
se perjudique un poco el ramo de *testimonios de verdad*. Há-
gase mas : permítase, a quien quiera aprovechar de la ocasion, hacer sus contratos ante este Juez , i ventilar sus derechos, *con la boca*, puesto que su contendor no es sordo ni
está ausente ; aunque se quebrante un poco la costumbre de
pagar Relatores, para reducir a 4 renglones los 4 o 5 mil
de un escrito de bien probado. Así, los negocios segui-
rán su curso, la jente tendrá tiempo para buscar su vida ,
i los jueces irán a dormir, a la larga, en sus camas, en lu-

gar de estar cabeceándose en las sillas del Tribunal, i tener qué esperar a que se les pase el calambre para levantarse.

Los que gusten de estar *pareciendo i diciendo*, por años enteros, sin que los *vean* ni los *oigan*„ pidiendo términos i prórogas, jugando a la pelota con los autos en traslados, acusándose rebeldías, interponiendo recursos, impartiendo auxilios, recusando jueces, tachando testigos, jurando no proceder de *malicia*, absolviendo posiciones etc. etc. que al cabo, i, segun se tome, es suplicio o pasatiempo — los · que gusten de ello, (repítese) tienen carta blanca i puerta abierta para condenarse, fastidiarse o divertirse a su modo.

## ENSEÑANZA.

Enseñar ———— es hacer COMPRENDER

es emplear el *entendimiento*, nó hacer trabajar la *memoria*

Llamar el resultado
de las sensaciones = *percepciones*
las percepciones = *impresiones*
i las impresiones =*concepciones*
= son Ideas felices .

Sensaciones de oído no pueden suplir sensaciones de ojo, ni de otro sentido „ i mucho ménos producir sus concepciones. Los Sonidos [supongamos] que para el Maestro son Palabras, porque significan,, para el Discípulo no pasan de simples sonidos — i si sobre signos, sin significados, se le dan, por significados, otros signos ¿cómo le quedará la cabeza? Los maestros que hacen · esto, pórque así lo hiciéron con ellos, no pecan,, porque son inocentes — i los que saben lo que hacen, estan absueltos de culpa i pena,·, por la obligacion de conservarse, que, como se dijo hablando del Pan, *convierte los crímenes en actos de virtud*.

Ni los Padres ni los Maestros pueden prever lo que los niños serán, i mucho ménos el uso que harán de lo que ahora *les enseñan a decir*; pero lo que podrian asegurar ya es que, cuando grandes, han de creer que *saben lo que dicen*.

La Superficialidad se hará moda en la Juventud .. cos-

14

tumbre en la virilidad.. i leí en la vejez — las palabras en las frases, i las proposiciones en los discursos, se les saldrán de la boca, como se les sale el 49 despues del 7 veces 7 — i si se les pregunta por qué es 49 i nó 80, dirán que *porque así es*,, que hai verdades que no necesitan demostrarse,, i que las SUTILEZAS están desterradas de la *buena lójica*,, i–i.. he ahí las *sutilezas* i la *buena lójica* en la palestra, a defender al 49 que pide socorro.

Los niños de hoi serán mañana los subalternos i los oficiales, en los Ejércitos i en las Oficinas „ los Rejidores, los Diputados, los Jueces, los Ministros, los Plenipotenciarios, los JENERALES! i los PRESIDENTES!!— i si entran a ocupar los puestos, creyendo que la *razon* es PURISMO, i que cada uno es *dueño de su opinion*,... *adios República!*.. i si ya no existe.. *adios Reino!* porque estos son los que disponen i ayudan a disponer del país, como de cosa propia.

Cuántos males no puede hacer un Jefe, que cree saber lo que no ha aprendido! ¡que reprende al que le hace observaciones! ¡que lo hace peor por hacer ver que sabe! i lo que es mas ¡que hace alarde de su ignorancia,, i llama SABIO, por irrision, al que acompaña su dictámen con razones!

Abran los Padres de familia los ojos
para leer, i despues para ver
si es cierto o nó, que...
hoi no son pudientes los que TIENEN
sino los que SABEN mas —
que el RESPETO se debe a los conocimientos, i
el MIEDO . . al poder —
i para probárselo reflexionen sobre un acontecimiento de nuestros dias.

Si la Francia hubiera estado ocupada por los Gaulos de otro tiempo, en número diez veces mayor que el de los Aliados del norte,, estos ... se la habrian repartido, por trozos,, i *Paris*... la gran ciudad de PARIS! seria hoi capital de Provincia. Pero,.. respetáron el SABER, se contentáron con haber destronado a Napoleon i con los gastos de la guerra.

# ARBITRIO.

Establezca el Gobierno una Escuela, en que
se enseñe {
la Lójica
el Idioma
i el Cálculo
} por principios :

i como los principios estan en las cosas, con Cosas se enseñará a *Pensar*—Se nombrarán Cosas i Movimientos que se vean, oigan, huelan, gusten i toquen,, haciéndolos mirar, escuchar, olfatear, saborear i palpar — Se hará conocer lo que es *Voz* i *Boca*,, cómo se forma la una, i cómo se emplean las partes de la otra para pronunciar — Se harán consistir las Letras en el movimiento de la mano, nó en apretones i cabellos — Se hará entender que se habla para el oído, i se escribe para el ojo,, que se han de poder leer las firmas i los números,, que no ha de haber *oes* con ombligo, *cees* con cresta, *eres* con orejas de perro,, ni *palos* que el lector tome por *eles* o por *tees*, por *efes* o por *pees*, como le parezca,, que en las cantidades no ha de haber *ochos* con cuernos, *ceros* con tripas, ni *treses* sin pescuezo,, i que no llamen todo eso la *Inglesa*, porque el Parlamento no ha mandado que se destruya el alfabeto que usa toda la Europa i toda la América, sin contar las demas partes del mundo.

Se enseñará a ver el número en las cosas, i estas se harán conocer por su color, figura, forma, extension i propiedades.

Leer no será estropear palabras por ganar tiempo,, sino dar sentido a los conceptos: por consiguiente, el que no entienda lo que está escrito, no debe leerlo.

Los maestros serán Españoles, que hablen bien,, porque en América no hai rejion ni lugar a donde ir a aprender el Castellano. Si la lengua se hace INSURJENTE, no hai qué esperar de la España reconocimiento de Independencia; aunque se lo *suplicára*, de rodillas la Francia o se lo *mandára* la Inglaterra. *Que busquen madre que los envuelva* [dirá la Academia],, i no habrá sino los Bolivianos que se entiendan con sus Padres en Quichua, i–i–i gracias a los conquistadores que dejáron unos pocos, para trabajar las minas,, con encargo de ir castellanizándolos; pero Dios los ha castigado como castigó a los Babelinos.

Los Congresos han declarado que para el año de *tantos*, no será ciudadano el que no sepa leer i escribir =

Declare el Gobierno ... entrando en el espíritu de la lei ...
que para el año de *tantos*, no obtendrá empleo público, el
que no presente certificado de haber sido examinado i APRO-
BADO *en Lójica*, en su *idioma* i en *matemáticas* hasta tal
grado. Los Congresos creyéron, que el que sabe leer busca libros, i que el que sabe escribir nota lo que le interesa.

El buen deseo califica la intencion, i esta disculpa el
error — seria inútil detenerse a probarlo. ¿Qué leerá el
que no tiene ideas? Excepto unos pocos Romances, que tratan de amores, cavernas i espantos,, no hai lectura que se
emprenda, sin ideas de la materia. Creer lo contrario, es
pensar como aquel pobre campesino, que compraba *anteojos
para saber leer*, porque veia ponerse *anteojos para leer*.

La parte económica del arbitrio, no es de este lugar.
Pasemos a la 4.$^{ta}$ atencion del Final que es la

## MODERACION

*i es lo mas dificil que se propone* .

Solo los Jeómetras i los Tontos no hahlan por figuras
(decia Rousseau, i decia bien).

Nada se concibe sin comparar; pero el que no tiene
retentiva,, ni en los objetos presentes ve semejanzas; aunque
le esten saltando a los ojos.

La pluma i la regla son *largas*;
i no cabe comparacion entre ellas,, porque la una no es
la otra; no obstante, mide la pluma o la regla con la vara,
i dice que tiene· una *cuarta*: se lo hacen ver, i dice que las
comparaciones i los SIMILES nunca son *exactos*: le preguntan
de donde saca los *símiles*,, i responde, que no gusta de *sutilezas* = le preguntan cómo ve *sutilezas* en los argumentos,,
i vuelve las espaldas: i es que las *comparaciones*, la *exacti-
tud*, los *símiles* i las *sutilezas* se le salen de la boca, como
el 49 despues del 7 veces 7.

LA SENSIBILIDAD MENTAL
se prueba por la facilidad de comparar

LA PREOCUPACION
deja poco lugar para alojar nuevos juicios
i la PREVENCION.. ninguno.

El mismo Rousseau decia
*que es preocupacion el creerse despreocupado „*
i era porque conocia que tenia preocupaciones:
en esto era despreocupado.

— ¿ En qué estado se hallarán los que sostienen que la Revolucion *debe seguir su curso*?..— ¿ entendiendo que el *curso
es* seguir *insultándose*, *desterrándose* i *matándose*,, por opiniones? — ¿ cuando estas no tienen otro fundamento, que el
modo de proceder en la misma empresa?
Comparémos el estado de la Cuestion Política, en América, a un JUEGO,, porque no es otra cosa que un JUEGO.
*Jugar* es apostar a *quien gana*. ¿—Si porque el contrario
me lleva una parada, *lo mato* ¿con quién sigo jugando?..
¿—i si cuando yo gané me hubieran matado.. jugaria hoi?
—El que no vea que la contienda actual es UN JUEGO, no
tiene ojos intelectuales.
¿ Qué tiene qué ver la Revolucion con el JUEGO?
(preguntarán algunos)
Tiene tánto! que la enumeracion seria larga: i los que hagan la pregunta, no serán todos Jeómetras ni Tontos, sino
*Preocupados* o *Prevenidos*.
El poder deshacerse de UNA *Preocupacion*,
es prueba de *gran Sensibilidad*.

i, el poder despojarse de TODA *Preocupacion*,
es prueba de ser sensible en *sumo grado*.

Sensibilidad Intelectual
es facultad de Pensar.

Piensen los Americanos en su Revolucion,
i recojan los materiales de sus Pensamientos

en suelo, producciones, industria, i riqueza —
en situaciones, comercio interior i exterior —
en razas, condiciones, costumbres i conocimientos —
en su JENIO —

en su  deuda interior  i  exterior ,  i en sus rentas
i en **ESTO** verán
sus relaciones con la Europa, i las Pretensiones que deben temer—
sus  deberes Paternos i Sociales —
su **CONCIENCIA** i su **HONOR**.


poco  tiempo 'les quedará  para DORMIR
i ménos   .   .   .   para PELEAR
los consejos les parecerán pocos
los discursos .   .   cortos
i las mayores precauciones .   .   descuidos


Los  Presidentes ,  sus Misnistros i sus Consejeros ,
deben  tener  este apunte sobre sus  bufetes „
i en  sus  dormitorios, las Sociedades  Americanas  i  la
Defensa  de  Bolívar ,
para llamar  el  sueño   /


olviden  que  son  obras  de  un americano ,
o bórrenles  el  nombre  y  pónganles
John Krautcher, Denis Dubois o Pietro Pinini ,
miembros  de todas las Academias etc. etc.
Si el apunte les  parece recargado ,
Si  las Sociedades i la defensa no  tienen nada de nuevo „
Sigan  destruyéndose i desacreditándose ,,
i  cuando ya no sepan  qué hacerse
llamen a un  Rei ,
denle  sus poderes i retírense a descansar —
con encargo de llamarlos CUANDO LOS NECESITE :
entretanto ,
para asegurar  mejor el  éxito de la empresa,
los  que Gobiernan déjense Gobernar—
sirvan de  instrumentos de elevacion i de venganza —
déjense sacar porciones de autoridad ,
para hacer daños a su  nombre „
i  conseguirán . . tal vez . . que
a  la llegada del Rei , no  haya  quien lo rebiba .

## Pero..

puede ser.. i.. por qué nó? que llegue a la silla un Presidente que no quiera ser *Antecristo*, o que dé con Ministros que no quieran que lo sea — i que, llevando a mal la conducta de sus Predecesores (sin acriminar sus intenciones, i perdonándoles sus yerros) se propongan atajar el *curso de la Revolucion* (que ha dado en CATARATA, i poco le falta para precipitarse en CASCADA)

Supongámoslos animados del espíritu que suscitó la Revolucion., i que, resueltos a llevar a efecto la Idea, digan

No queremos que los pensamientos, los trabajos, los bienes i la vida de tantos hombres, se pierdan.

. Queremos que haya RE PU BLI CA. a pesar de la *mofa* que hacen de ella, los que dan este nombre al DESORDEN: porque no saben tódo lo que se ha pensado, para compendiar el *Bienestar social* en 4 sílabas.

RESPUBLICA = *cosa pública*, no quiere decir que todos manden i ninguno obedezca — que se agolpe la jente a las plazas, a pedir *todos a todos*, a gritos, lo que ninguno ha prometido, i matarse sin saber por qué.

La idea de República, *en nuestros dias*, es el resultado de muchas combinaciones — es la mas simple expresion, a que *el estudio del hombre* ha reducido *todas* las Relaciones Sociales.

Las antiguas Repúblicas eran crias de Soldados,, porque todos los derechos se deslindaban con las *armas :* ha llegado el tiempo de entenderse con *Palabras*.

El deseo de *enriquecerse* ha hecho todos los medios *lejítimos*, i todos los procedimientos *legales* : no hai cálculo ni término en la Industria — el egoismo es el espiritu de los negocios,, i los negocios la causa de un desórden, que todos creen natural, i de que todos se quejan.

Para tratar del importante negocio del ORDEN, nos ponemos al frente de la nacion,, i para entendernos, llamamos a consejo a sus Próceres. Las Luces del Siglo no quieren que los Gobiernos se Gobiernen por sus Luces Solas.

Hemos recojido los datos de que se compone
el proyecto de lei que vamos a proponer;

pero ántes de extenderlo

## SUPLICAMOS A LOS PROCERES

que hagan, con nosotros, la siguiente reflexion
**IMPORTANTISIMA!**
en el asunto mas *sencillo*, como en el mas *complicado*,
a la cual se deben los *aciertos*,
i sin la cual todo se *yerra*.

esta reflexion es que

La atencion es UNA e INDIVISIBLE
(*en la conformacion de nuestros sentidos está la causa*)
(cada uno tiene su centro]

A esta innegable verdad debe atenderse, para hacer la reflexion que pedimos.

Tengan PACIENCIA, los que creen que el *saber* no consiste en *Pequeñeces* — los que llaman MINUCIAS los Principios, i NIMIEDAD su Exposicion — los que, por creer esto, juzgan de la Densidad por el volúmen i de la Solidez por el bulto — i permitan que

Los que gustan de *minucias* i *nimiedades* vean si el que da lecciones sabe enseñar — si el que habla como intelijente en Edificios es Arquitecto, maestro de Obras o simple Sobrestante

## 1er PRINCIPIO

No hai objeto aislado: el mas independiente, al parecer, tiene Relaciones — En los esfuerzos que hacemos para aislarlo, está el trabajo de ABSTRAER. En no perder contiguidades ni adyancencias, consiste la capacidad del sentido=esto es lo que, en los juicios, llamamos DISCRECION.

## 2.do PRINCIPIO

El movimiento mas *Libre* tiene *Dependencias* =

la parte moviente,
el todo a que pertenece
el lugar, el tiempo, el modo ⎬son circunstancias
i los objetos presentes

Si en lo que enseñamos o queremos aprender
falta UNA SOLA relacion o circunstancia,

*enseñamos o aprendemos MAL—*

i si observamos o hacemos observar UNA SOLA,
*ni aprendemos ni enseñamos.*

En el 1.<sup>er</sup> caso somos *malos* Maestros o *malos* Estudiantes,
En el 2.<sup>do</sup> no somos ni Estudiantes ni Maestros.

## GOBIERNO!!

es una funcion compuesta de TODAS las Funciones Sociales
la mas Complicada,  ⎫
la mas Delicada,     ⎬ de que pueda encargarse un hombre.
la mas Laboriosa    ⎭
                no puede desempeñarla SOLO,
ni aquellos, a quienes confia una parte de sus cuidados, hallan, en los negocios, *úno*, que exija exclusivamente su atencion.
        Su trabajo es *reducir „* porque todo se le ramifica.

Los Ministros Republicanos son ⎧ colaboradores, ⎫
                                ⎨ nó apoderados„ ⎬ de los Presidentes
                                ⎪ consultores    ⎪
                                ⎩ nó directores  ⎭

Los Ministros Reales ⎧ *no pueden* mudar Reyes
                     ⎨ pero los dominan, *si pueden*
La Importancia del Ministro está en razon de la nulidad de
su Rei.

### Pero

La duracion, del Gobernante Republicano, es abreviable.
Un ministro, de Jenio dominante, puede ....
        interceptar las Luces que vengan a alumbrar el palacio,
        o apagarlas cuando las vea en él „
        paraque el Gobernante ande *a tientas* i obre *a oscuras—*
        para mudarlo, cuando le convenga, i probar suerte en las
        mudanzas— en breves términos, puede hacer fácilmente, se-
        gun las circunstancias, que se quede al que dé o venga el
        que prometa.

15

Seria hacer injuria á los Presidentes, el suponer que igno-
ran esto; pero lo que seguramente no advierten es que
no son DISCIPULOS de los Reyes, sino MAESTROS
en el arte de *Gobernar hombres Libres*:
porque se han encargado de protejer i propagar
las LUCES que han de producir las VIRTUDES SOCIALES

Debe haber *Reyes* que deseen ser *Presidentes*,
I ES RIDICULO
que los *Presidentes* quieran ser *Reyes*.
Los Reyes se han de reir de verse remedar
sin gracia i sin poder;
pero, los que son ilustrados „ envidiosos de la suerte de los
Presidentes, se vengan sujiriéndoles la idea de *Reinar* „ ya qué
ellos no pueden hacer creer a los Pueblos, que quieren go-
bernarlos por hacerles bien.

Debe haber Reyes (gracias a las Luces del Siglo) que
deseen enseñar el arte de Gobernar sin Reyes—sin los Congresos que venden Pueblos a los Reyes— i sin los *Zarcillos* de
unos y otros, que, no pudiendo ser Valídos ni Diputados, se
emplean en barrer las gradas del Trono, para comerciar con
los favores que recojen en la Basura

---

Ciérrense estas reflexiones con una *Observacion*, que debe preceder a los *Considerandos*, del Proyecto de lei que se propone.

Obsérvese que ...

*los que ayudan a mandar, son* AMIGOS *del que manda, porque
participan de su condicion i corren la misma suerte — los que
favorece lo son „ porque los manda ménos*
*No hai simpatía verdadera sino entre* IGUALES. *Simpatizan*
EN APARIENCIA, *los Súbditos con los Superiores „ porque, el que
obedece proteje las ideas del que manda; pero la antipatía es el
Sentimiento natural de la Inferioridad, que nucca es agradable.*

# PROYECTO DE LEI

Sobre las 2 atenciones de futuro $\left\{ \begin{array}{c} \text{Colonizacion} \\ \text{i} \\ \text{Educacion Popular} \end{array} \right.$

### COLONIZACION

*Considerando*

1.<sup>ro</sup> que el jénero humano... como todo viviente... tiene un derecho; que recibe con la Existencia, para ocupar un lugar en el globo „ i defenderlo, para conservarse, por los medios que su Instinto le dicta

2.<sup>do</sup> que el hombre se distingue, de los demas animales, por 2 sentimientos..: uno de *Compasion* „ porque conoce que los animales padecen como él — i otro de *Predileccion* por sus Semejantes „ porque conoce que, en su compañía, padece *ménos* i goza *mas*, que estando Solo, o en compañía de otros animales

3.<sup>ro</sup> que el hombre, en el trato con sus Semejantes, perfecciona sus sentimientos — reduce la *Compasion* i la *Predileccion* a un solo sentimiento que llama HUMANIDAD — se lo hace obligatorio — llama la *union* con sus Semejantes = SOCIEDAD,,
los *actos de humanidad* = VIRTUDES SOCIALES,,
los *puntos de reunion* = CIUDADES,,
i de *Ciudad* deriva un *nombre*, que comprende todas las pruebas de Sociabilidad que un Pueblo da en su conducta = este nombre es CIVILIZACION

[*Permitanse* Exclamaciones *en los Considerandos*]

¡¿ Qué léjos está esta *definicion*, de la que cada uno da a la paladra CIVILIZADO, cuando la acomoda a las cualidades de que se cree adornado !?

Considerando, en 4.<sup>to</sup> lugar, que los Campos de América estan, en gran parte, despoblados „ i los pocos habitantes que tiene, apiñados, en desórden, al rededor de los templos , esperando de la Providencia lo que no les ha prometido,, miserables enmedio de la abundancia,, i sin esperanzas de ocupar su *imajinaria* propiedad, en muchos siglos „ por falta de direccion — que lo que hace horrorosa la Soledad , es la inhabilidad de hacerla habitable; para vivir en ella „ i que la Industria es un compañero que infunde valor, al mas apocado .

5.to que los Europeos con exceso de Industria , i los Americanos con exceso de Suelo, jimen bajo las necesidades de la vida , sin poder satisfacerlas,, i que asociándose harian su felicidad i prepararian la de sus hijos

6.to que el peso de la familia hace que el pudiente descienda a la pobreza, i el pobre a la miseria „ por falta de *órden* o de *Ideas*

7.me que las empresas de Colonizacion por Particulares, no pueden convenir a los Colonos ni al país „ porque los especuladores no consultarán otros intereses que los suyos

8.vo Que si se da libre entrada a cuantos vengan a establecerse en el país , resultará un desórden mayor que el que ha causado la emigracion „ i a los emigrados un mal peor que el que los aflije = allá son miserables en la edad fuerte „ acá lo serán en la vejez

9.no que los Americanos estan divididos en 2 bandos : el uno pidiendo que se niegue la entrada a todo Extranjero „ i el otro ofreciendo el país a todo el que quiera venir á ocuparlo .

10.mo que solo al Gobierno toca dirijir los establecimientos Industriales, que se hagan en el territorio „ porque solo él debe considerar las conveniencias económicas, civiles, morales i políticas de la Industria, i la condicion de los Productores

Considerando esto i lo mas que pueda añadirse ,
se propone la siguiente

### LEI

articulo 1.ro Colonícese el país con sus propios habitantes „ dividiéndolos en 2 especies de Colonos = Adultos i Párvulos art. 2.<sup>do</sup> Los Adultos (jóvenes, hombres i viejos) ¡que la Sociedad, por su descuido, ha dejado caer en la miseria, serán considerados = los viejos como carga de la Sociedad = los hombres i los jóvenes serán Colonos. Se dará destino á los hombres que sepan trabajar „ i los jóvenes que no quieran ser Colonos, serán destinados a la milicia.

art. 3.<sup>ro</sup> Las Colonias de Adultos se establecerán en las fronteras de los Indios. Los límites serán respetados.

art. 4.<sup>to</sup> A los Colonos Adultos, se agregarán los Artesanos extranjeros¡, que quieran seguir la Condicion de los nativos

art. 5.<sup>to</sup> Se asegurará la posesion de la Industria a los artesanos establecidos ; no admitiendo otros que vengan a rivalizar con ellos. Si llega algun extranjero, con algo que adelante la industria establecida, se le comprará por cuenta de las Colonias: pero no se le permitirá establecerse en ellas, sino por consentimiento de la Direccion

art. 6.<sup>te</sup> Cada Provincia o Departamento establecerá su Colonia, con sus habitantes, a su costa „ i la dirijirá entendiéndose con la Direccion jeneral.

art. 7.<sup>mo</sup> Las Colonias ; ocuparán, en propidad, las tierras baldías que el Estado les adjudique — i donde no haya baldías, se arrendarán a los propietarios que las tengan sobrantes. Las Colonias no adquirirán la propiedad, sino por contrato con el propietario.

art. 8.<sup>vo</sup> Cada Colonia tendrá su milicia urbana, sostenida a sus expensas — guardará su frontera, i no será movida por el Gobierno.

art. 9.<sup>no</sup> Las Colonias de niños pobres se establecerán entre los adultos i los poblados,, i en ellas se admitirán los niños Europeos, que vengan recomendados por los Gobiernos de su país. No se admitirá ninguno que pase de once años, ni que tenga ménos de ocho : i serán considerados como Americanos. Ni su país natal ni sus padres podrán reclamarlos, sino pagando lo que deban, segun resulte de la cuenta que se ha llevado con ellos por sus gastos, i por lo que hayan devengado con su trabajo.

art. 10<sup>mo</sup>. Al 4.<sup>to</sup> año de establecidas las Colonias de adultos, empezarán a pagar una contribucion directa al erario de la nacion — i las de Páruulos al cabo de 5.

La parte disciplinal i económica de la Colonizacion —
la especie de Instruccion que deba darse a los niños — i los
arbitrios para el establecimiento, piden un tratado. Solo se
advertirá, en cuanto a arbitrios, que, en Bolivia, se creó,
el año 25 un fondo de Beneficencia, de 15 millones de pesos
fuertes, sin perjudicar propiedades.

El que no VE lo que le TOCA está *ciego*
el que no lo SIENTE está *muerto*.